山东省社科联人文社会科学课题"生态话语分析模式下《人民日报》与《中国日报》少数民族形象建构比较研究"（2023—JCXK—020）和鲁东大学"声速输入法"基金语言文字研究课题"英国主流报刊社论中的中国形象话语建构功能文体历时研究"（SSED202322）的阶段性成果

汉英新闻话语多维度探析

郝兴刚　李怀娟　著

新华出版社

图书在版编目（CIP）数据

汉英新闻话语多维度探析 / 郝兴刚 , 李怀娟著 .
— 北京 : 新华出版社 , 2023.9
ISBN 978-7-5166-7043-9

Ⅰ . ①汉… Ⅱ . ①郝… ②李… Ⅲ . ①新闻语言 – 研
究 Ⅳ . ① G210

中国国家版本馆 CIP 数据核字（2023）第 183782 号

汉英新闻话语多维度探析

作　　者：郝兴刚　李怀娟

责任编辑：蒋小云　　　　　　　　封面设计：马静静

出版发行：新华出版社
地　　址：北京石景山区京原路 8 号　邮　　编：100040
网　　址：http : //www.xinhuapub.com
经　　销：新华书店
　　　　　新华出版社天猫旗舰店、京东旗舰店及各大网店
购书热线：010-63077122　　中国新闻书店购书热线：010-63072012

照　　排：北京亚吉飞数码科技有限公司
印　　刷：北京亚吉飞数码科技有限公司

成品尺寸：170mm×240mm　　　1/16
印　　张：12.75　　　　　　　　字　　数：214 千字
版　　次：2024 年 4 月第一版　　印　　次：2024 年 4 月第一次印刷

书　　号：ISBN 978-7-5166-7043-9
定　　价：82.00 元

前　言

　　新闻话语作为一种特殊语体,主要涉及新闻报道、新闻评论和新闻特写三大亚语类。新闻话语因其信息性、时效性、新颖性和趣味性等特点引人入胜,发人深思,在现代社会扮演愈来愈重要的角色。毋庸讳言,新闻话语在提供信息、娱乐受众的同时,又会对受众的立场和态度产生潜移默化的影响。如何读懂新闻,进而形成对新闻话语的正确认知,历来是媒介素养教育重点关注的话题。本书旨在对新闻话语进行多维度考察,培养思辨能力,为充分、全面解读新闻语篇提供路径和方法,呈现了笔者十年来对新闻语体的语篇语义特征的深刻理解和思考,可供话语分析同仁借鉴。另一方面,话语不仅反映社会现实,而且主动建构社会现实(Halliday & Matthiessen,1999;福柯,2016;苗兴伟,2016),我们既立足于国家形象自塑,又充分重视他塑,因而本书对于如何讲好中国故事,传播好中国声音以及建设有中国特色学科体系、学术体系和话语体系也会有较大启迪。Waugh(1995:131)认为,对新闻语篇的研究应该尽量建立在真实语料基础上,既要使用封闭语料(closed corpora)也要使用开放语料(open corpora)。鉴于此,本书中全部语料均来自《人民日报》、中央电视台综合频道、《纽约时报》《中国日报》《卫报》《华盛顿邮报》《新闻周刊》以及《时代》等中英主流媒体,兼顾封闭语料和开放语料,共计116篇涉及政治、经济、军事、科技、文化、教育和民生等方面的相关报道。全书共分为十四章,聚焦汉英新闻话语的语篇语义特征:第一章和第二章从叙事学视角出发,分别探讨电视新闻中的互文性策略和英美主流报刊中的言语转述特色;第三章、第四章、第五章、第六章、第七章和第八章基于功能文体学视角,分别聚焦中英主流报刊中新闻语篇功能文体流变、同题新闻语篇文体对比、概念语法隐喻中的名物化、逻辑语义关系中的投射意义潜势系统以及评价型强势主位结构;第九章与第十章基于批评认知语言学,分别对新闻语篇进行批评认知话语分析和多模态文体分析;第十一章和第十二章关注语用学视角,主要探讨了关联理论在新闻话语分析中的具体应用;第十三章基于新闻英语语体特征,审视如何在高校英语报刊教学中实施创新思维能力培养;第十四章为结论,对本书内容进行了总结。

本书可供从事文体学研究和语篇分析的师生或研究者使用,对本科阶段《外国报刊选读》教学也有较大的指导意义。

目 录

第一章

电视新闻中的互文性与国家形象自塑

第一节 引 言

国家形象建构是国家战略的重要组成部分（武建国、徐嘉，2021：45），备受学界关注。国家形象由西方学者 Boulding（1959）率先提出，涵盖国家地理形象、国家"敌意"或"友好"形象和国家"强大"或"赢弱"形象。Jarvis（1970：3）探讨了一国的国家形象对该国的国际关系影响，并强调国家形象建构是一个国家实现其战略目标不可或缺的手段。Rusi（1988）指出国家形象是国家领导人的"信念系统"，这与意识形态不同，因为"信念系统"更多反映某一国领导人的决策或政策偏好，并以此来对国家事件进行感知。在国内学界，有关国家形象的系统研究最早可追溯到 20 世纪 90 年代（如李松凌，1995；徐小鸽，1996；袁明，1996）。孙有中（2002）认为国家形象指一国的国内外公众对该国的认识、印象与评价，主要包括政治、经济、社会与文化等方面。我们认为，国家形象即一个国家在国内外民众中产生的印象和认知，包括对内形象和对外形象。作为国家软实力的重要组成部分，国家形象建构对国家自身具有重要意义,既影响国外公众的评价,从而影响能否赢得国际舆论的尊重,也影响国内公众的归属感、向心力和凝聚力,从而影响能否获得公众的理解、认可与支持(魏榕,2022:319)。

近年来,随着中国综合国力的不断提升,中国国家形象建构研究逐渐成为学界热点。越来越多的学者(Friedman,2011;Fallon,2014;陈琳琳,2018;冯德正、苗兴伟,2021;陈新仁、金颖哲,2022;魏榕,2022)从社会建构论视角(social constructionism)出发来研究中国形象,认为中国形象或中华民族形象不是预先存在、固定不变的,而是由不同话语实践动态建构实现。媒体话语作为一种重要的话语实践,是一种塑造现实的力量并对公众认知产生实际影响(史安斌、王沛楠,2019:1),在国家形象塑造中起着重要作用(陈慧、卢卫中,2022:133),是建构国家形象的重要途径(魏榕,2022:319)。学界一般认为国家形象建构由他塑和自塑共同实现(胡范铸,2017:30),并且通过自塑可以影响甚至改变他塑。长期以来对新闻媒体中国形象建构研究侧重国外媒体的中国形象他塑(Liss,2003;Xiang,2013;Huan & Deng,2021;Tang,2021;唐丽萍,2011;马伟林、崔彦杰,2020),较少关注国内主流媒体的中国形象自塑(樊小玲,2013;戴长征,2017;魏榕,2022)。就研究方法而言,学界主要从新闻传播学角度采用内容分析法(聚焦显性话语表征)、框架分析法(选择性呈现中国形象)和批评话语分析法(批判地阐释负面报道)(魏榕,2022:319),但来自话语分析视角的详细探讨仍未引起足够重视。近年来,受社会建构论思潮的影响,形象研究迎来"话语转向"(陈新仁、金颖哲,2022;陈琳琳,2018),基于话语分析的中国国家形象研究也应提上日程。

互文性作为话语分析的一个重要维度(辛斌,2000:14),长期以来备受学界重视,已在语言学(辛斌,2008;赖彦、辛斌,2012;武建国、刘蓉,2012;辛斌、李文艳,2019;武建国、徐嘉,2021)、文学(秦海鹰,2004;江弱水,2009;徐文培、李增,2011;曹文慧,2013)及翻译(蒋骁华,1998;舒奇志、杨华,1999;关海鸥、徐可心,2012)等领域广泛应用。近年来,研究者虽然开始关注作为话语策略的互文性在国家形象建构中的功能(武建国、徐嘉,2021),但主要以主流网络媒体中(如人民网)的新闻报道作为语料,尚未关注其他主流传播媒介。中央电视台新闻联播栏目作为我国重要的信息传播平台,具有受众广泛、关注度高、影响力大等特点,在建构国家形象方面发挥着日益重要的作用。因此,央视新闻联播建构国家形象的策略值得学界深入研究。本章探讨互文性这种话语策略与国家形象塑造的互动关系。我们以中央电视台综合频道每日 19:00 的新闻联播（2023 年 1 月至 5 月）中"新思想引领新征程"所有相关报道为语料（以下简称"新闻联播"），通过使用 UAM Corpus Tool 6.0 语料库分析软件，旨在探讨这些报道中的互文性如何有效建构新时代新征程中国国家形象，可为国家形象自塑研究提供新思路，有助于讲好中国故事，传播好中国声音，并推动中国特色话语体系建设。主要聚焦两个研究问题：（1）新闻联播主要使用了哪些互文性策略？（2）这些互文性策略分别建构了怎样的中国国家形象？

第二节　互文性

互文性起源于 20 世纪语言学理论，包括瑞士语言学家 Saussure（1983）的结构主义语言学理论和 Bakhtin（1981）的对话理论，由 Kristeva（1967）首次提出。后来 Kristeva（1986）试图将索绪尔的语言理论与 Bakhtin（1981）的话语理论结合起来，认为语篇是一个由写作主体、受话人（或理想读者）和外部语篇三方参与的水平关系与垂直关系纵横交错的对话空间，强调任何语篇都是由引语拼凑而成，是对另一语篇的吸收和改造。在这个问题上，Fairclough（1992：39-40）也提出语篇总在借鉴和转换当代和历史上的其他语篇，并且他还指出"语篇传统和话语秩序的转变和重组在当代颇为明显，互文性理应成为话语分析领域的主要焦点之一"（Fairclough，1992：102）。针对语篇研究中的互文性，研究者认为互文性是语篇生成者的语用策略（辛斌，2008；辛斌、李文艳，2019），以指涉其他语篇，达成交际意图而有意识使用的一种修辞手段。互文性分类有多种（辛斌，2008：8；武建国、徐嘉，2021：46），我们基于 Fairclough（1992：104）和武建国、徐嘉（2021：46）的分类标准，把互文性分为明显互文性（manifest intertextuality）和篇际互文性（interdiscursivity）两种（见图 1-1），前者指其他语篇以显性标记（manifestly marked）或暗示形式（explicitly cued）存在当前语篇中，包括言语转述、预设、否定、元话语、反讽、仿拟、用典、回声、提及等。后者指当前语篇与不同体裁、修辞模式、风格、实践或文化等成分的混合与交织,可进一步分为"融合型篇际互文性、镶嵌型篇际互文性、转换型篇际互文性和链接型篇际互文性"(武建国,2010:19;武建国、徐嘉,2021:47),这种互文性所涉及的不是个体主体,而是群体主体(如某一社会阶层、职业、行业、机构等)(辛斌、李文艳,2019:28)。这样语篇发出者通过互文性策略的灵活配置,增强文本的对话性,引起读者共鸣,更好地实现其交际目的和社会效应(如构建形象)。下面我们将从明显互文性和篇际互文性两方面探讨央视新闻联播中中国国家形象建构过程。

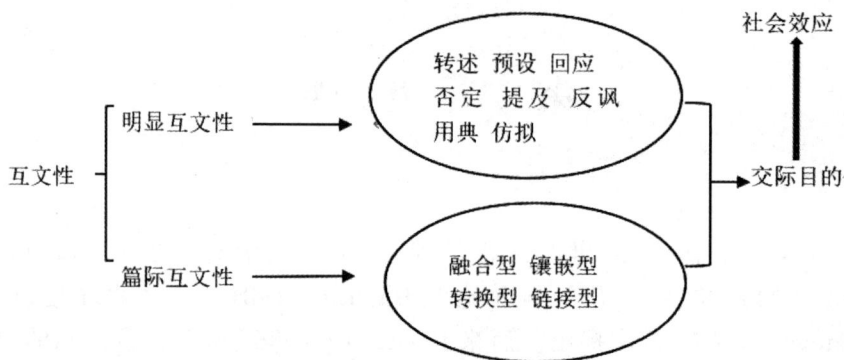

图 1-1　互文性策略分类

第三节　研究设计

　　本研究的全部语料来自 2023 年 1 月 1 日至 2023 年 5 月 9 日期间中央电视台综合频道每日 19:00 的新闻联播中"新思想引领新征程"所有相关报道。中央电视台作为我国的主流媒体,相比其他各类媒体,具有信息传播方面的巨大优势。新闻联播作为中央电视台综合频道推出的晚间新闻节目,是我国人民获取国内外时事的重要、有效渠道,其节目宗旨为"宣传党和政府的声音,传播天下大事",注重贴近实际、贴近生活、贴近群众，因此新闻联播在塑造和传播我国国家形象中扮演重要角色。为深入探讨新闻联播中的互文性策略，我们将采用定性和定量分析相结合的研究方法。首先，通过互联网下载新闻联播中"新思想引领新征程"所有相关文字报道（2023年1月1日至2023年5月9日）。其次，将这些符合要求的新闻报道全文转为纯文本文档（txt），并通过 UAM Corpus Tool 6.0 语料库分析软件导入该文档，建立新闻联播语料库（以 CCTV News 2023 命名）。再次，识别该语料库中所有体现明显互文性和篇际互文性的表述，反复甄别后进行标注。最后，基于统计数据，对党的二十大报告中互文性形式和功能展开详细探讨，挖掘互文性策略建构的中国国家形象。

第四节　新闻联播中的互文性策略与中国国家形象建构

一、明显互文性

根据我们的统计，央视新闻联播中常见的明显互文性策略主要有如下七种：预设、回应、提及、转述、否定、用典和仿拟。

学界认为预设（presupposition）是语篇发出者所认可的"已有（established）"或"已知（given）"命题，在语篇的表层结构中有不同的表现形式，如连词"that"引导的心理过程被投射小句、定冠词的使用等（Fairclough，1992：120），以及汉语中的名词性成分使用等。Fairclough（1992：121）指出该策略是一种实现语篇生产者交际目的或社会效应的有效方式，因其预设的命题具有强烈的主观意识导向，且很难辩驳。在讨论语篇中预设的功能时，武建国、徐嘉（2021：47）强调"运用预设策略可以潜移默化地传达意识形态，表达大众公认的事实"，因此预设有利于读者接受语篇发出者的观点、态度等。请看下面的例子：

1. 习近平总书记指出，面对新征程上的新挑战新考验，我们必须高度警醒，永远保持赶考的清醒和谨慎，驰而不息推进全面从严治党，使百年大党在自我革命中不断焕发蓬勃生机，始终成为中国人民最可靠、最坚强的主心骨。（2023年1月7日新闻联播——新思想引领新征程）

2. 一年前的今天,北京冬奥会盛大开幕。在习近平总书记亲自谋划、亲自部署、亲自推动下,中国向世界奉献了一届简约、安全、精彩的奥运盛会,同时创造了胸怀大局、自信开放、迎难而上、追求卓越、共创未来的北京冬奥精神。(2023年2月4日新闻联播——新思想引领新征程)

3. 今年以来,一系列扩内需促消费的举措持续发力,百姓消费信心不断增强,消费市场回暖态势明显,不断激发的消费潜力,正为推动中国经济高质量发展注入新动力。(2023年3月28日新闻联播——新思想引领新征程)

4. 现在,雄安新区已进入承接北京非首都功能疏解和大规模建设同步推进的重要阶段。中国星网企业总部落子雄安,一批央企总部建设进度明显加快,中央企业在新区设立各类机构140多家,新一代信息技术、先进装备制造、生物技术等高端高新产业进一步向新区汇聚,现代化产业体系加快建设。(2023年4月1日新闻联播——新思想引领新征程)

5. 作为南水北调后续工程首个项目——引江补汉工程今年已正式进入主体隧洞施工阶段,南水北调和三峡水库两大工程牵手,中线水源将更加充沛。今年国家将抓紧完成南水北调工程总体规划修编,积极推动东线二期工程立项建设,推进西线工程规划编制并启动先期实施工程可研工作,进一步夯实国家水网主骨架。骨干水网工程加速推进的同时,作为国家水网的重要组成部分——区域水网和省、市、县水网建设也在有序推进。(2023年4月17日新闻联播——新思想引领新征程)

例1中"新挑战新考验""从严治党"属于汉语中的名词性成分。其中前者预设了新征程新时代中国共产党赓续奋斗,勇毅前行形象;后者预设我们党狠抓党风建设,不忘初心、牢记使命形象。"最可靠、最坚强"中"最"的使用预设了中国共产党作为百年大党,始终最值得老百姓信任,最值得托付。这些已知信息与当前语篇构成了明显互文关系。因此,例1通过上述预设成分的使用,建构了我们国家在具有踔厉奋发、砥砺前行、自我革命精神的中国共产党的带领下,必将披荆斩棘,意气风发,勇往直前。

例2中"北京冬奥会""奥运盛会""北京冬奥精神"亦为名词性成分,反映了我国于2022年2月4日举办的令世界瞩目的北京冬季奥林匹克运动会的盛况以及广泛赞誉等社会现实。北京冬奥会对于中国和世界人民来说都有着重要的意义和价值。通过与当前语篇建立互文性,这些预设成分首先向世界人民建构了我国的雄厚经济实力和综合国力形象；其次在新冠疫情肆虐，全球经济复苏乏力的情况下，北京冬奥会的成功举办为世界注入了活力，增强了各国人民战胜病魔的信心与希望，彰显了我们国家提倡的人类命运共同体理念，进一步凸显了我国政治稳定、文化丰富、社会和谐、经济繁荣、开放文明的大国形象。

例3中画线部分"举措""消费信心""回暖态势""消费潜力""高质量发展"等均为名词性成分，与目前语篇形成明显互文关系，预设了我们国家在后疫情时期为扩大内需促进消费，积极采取相应措施并取得的巨大成效，经济开始复苏，人民消费信心逐渐增强，经济、社会高质量发展迎来更大机遇。

例4中画线部分"雄安新区""中国星网企业""央企总部""中央企业""高端高新产业""现代化产业体系"等均为名词性成分，与当前语篇构成明显互文关系。雄安新区作为中央重大决策部署、千年大计、国家大事，具有多重重要意义。它的设立顺应了时代发展潮流，呼应了居民对美好生活的期待。因此，通过这种互文性的使用，体现了我们国家积极构建可持续城市发展体系，大力推进现代化产业体系建设，大胆创新探索，勇于探索城市发展新模式，并且积极引领全国城市发展朝着理想目标前进以及引领全球发展新方向的"奋斗者和创新者"形象。

例5中画线部分"引江补汉工程""南水北调""三峡水库""总体规划""区域水网"等均为名词性成分，与当前语篇构成明显互文关系，是对中国社会现实的充分反映。因此，它们的使用体现了我们国家在有关国计民生重大问题上始终坚持统筹规划，协调各方力量促发展、稳就业，全心全意为人民服务的社会主义国家形象。

回应（echo）亦称回声（response）。辛斌、李文艳（2019：30）指出，回声指当下某一语篇在内容或形式上是对此前某一语篇或话语的回应，其中或许也会有转述言语，但转述的目的在于对其作出回应。例如：

6. 2022年，按照党中央部署，纪检监察机关强化政治监督，坚决防止和治理"七个有之"问题，清除对党阳奉阴违的"两面人"……2022年1月至11月，"天网2022"行动共追回外逃人员840人，追回赃款65.5亿元……新征程上，党面临的"四大考验"将长期存在，"四种危险"将长期存在。（2023年1月7日新闻联播——新思想引领新征程）

例6画线部分"七个有之"由我们党于党的十八届四中全会第二次会议提出，包括任人唯亲、团团伙伙、匿名诬告、收买人心、封官许愿、自行其是以及尾大不掉等7项违反党的政治纪律和政治规矩的行为；"两面人"于 2019 年 2 月 27 日在《中共中央关于加强党的政治建设的意见》中曾三次提到,强调要"把政治上蜕变的两面人及时辨别出来、清除出去""坚决把政治上的两面人挡在门外""绝不允许对党中央阳奉阴违做两面人、搞两面派、搞'伪忠诚'";"天网 2022"是中央反腐败协调小组在国际追逃追赃和跨境腐败治理工作办公室召开会议,学习贯彻十九届中央纪委六次全会精神,并研究部署 2022 年反腐败国际追逃追赃和跨境腐败治理工作时启动的行动;"四大考验"指执政考验、改革开放考验、市场经济考验与外部环境考验,由党的十七届四中全会明确提出;"四种危险"指的是精神懈怠危险、能力不足危险、脱离群众危险、消极腐败危险,由胡锦涛同志于 2011 年"七一"讲话时向全党发出的警示。这些互文策略使用的主要目的在于"回应",均与当前语篇构成互文关系,反映了党中央对干部腐败问题的深恶痛绝和一体推进不敢腐、不能腐、不想腐并持续净化党内政治生态的魄力和决心。众所周知,反对腐败是党心民心所向。腐败是社会公害,腐败是社会毒瘤,是我们党面临的最大威胁,严重损害人民群众的获得感、幸福感、安全感,人民群众深恶痛绝。通过"回声"互文策略的使用,该新闻报道既彰显共产党人对反腐败斗争的鲜明立场与坚定决心,又成功建构了我们国家始终坚持人民至上,为增进人民福祉而不断自我革命、勇于净化社会生态的豪迈气概。

7. 最近,同济大学 34 岁的青年教授施宇智收到了一笔 180 万元新增科研经费,用于研究微纳光学科技前沿问题,他和团队获得的支持得益于上海"基础研究特区计划"。这一计划通过创新项目资助管理模式,持续稳定支持具有探索精神和发展潜力的青年人才,挑战最前沿的科学问题,并营造鼓励潜心研究、长期攻关的科研环境。目前,对已试点的 6 家单位以五年周期开展稳定支持,共计投入 4.5 亿元。(2023 年 5 月 6 日新闻联播——新思想引领新征程)

例 7 中画线部分"基础研究特区计划"始于 2021 年 10 月,聚焦科研领域"从 0 到 1"的原始创新,上海出台《关于加快推动基础研究高质量发展的若干意见》,提出"基础研究特区"制度创新,鼓励更多"引领型研究"。该计划创立的初衷就在于原创性、颠覆性的前沿基础研究难度较高,具有长期性和高度不确定性等特点。因此,为保证科研人员及团队获得相对充足的探索和研究时间,"基础研究特区计划"以五年作为一个周期,力求持之以恒加强基础研究,目前已同复旦大学、上海交通大学、同济大学等多家试点单位分别制定了实施方案和管理办法。画线部分虽为转述言语成分，但主要目的在于"回应"，与当前语篇构成明显互文关系。以点带面，建构了我们国家重视基础研究，鼓励创新，让科学家敢试、敢闯，支持年轻人"试错"，努力推动基础研究高质量发展和建设世界科技强国的积极进取形象。

8. 为了把深层油气开发出来，我国能源企业通过自主创新掌握了"超深层储层立体成像"等技术，让识别精度从过去的 30 米提高至现在的 15 米，相当于给距离地面近万米的地层进行"CT 扫描"。解决了"看得见"的难题，如何把油气"打得出、打得快又打得准"，我国探索形成了世界先进的深地系列技术和装备。（2023 年 5 月 2 日新闻联播）

例 8 画线部分"超深层储层立体成像""看得见""打得出"等均属于"回应"互文策略。"超深层储层立体成像"与"看得见"反映了我国能源企业自主创新的新技术取得的突破性成就，振奋人心。"打得出、打得快又打得准"则彰显能源企业在努力革新技术和装备方面的刻苦钻研、精益求精作风。因此，这些"回应"策略如实反映了我国的科学探索不断取得的突破性进展，建议我们国家鼓励科技创新，重视和保障国家能源安全，在地球深部探索上不断开展新攻关和取得新突破，强化自主装备制造研发的科技大国形象。

9. 商务部把今年确定为"消费提振年"，各地基于资源禀赋和区域优势，相继推出一系列具有浓郁地方特色的品牌活动。"季季有主题、月月有展会、周周有场景"的消费活动将贯穿全年，形成波浪式消费热潮。就在几天前，北京亮马河正式开航，融合乘船游览、品味美食、夜跑滑板、水岸演艺等多种消费场景，串联沿途分布的三里屯、燕莎、蓝色港湾等重要商圈，形成集文化、旅游、商贸于一体的多元化公共空间。（2023 年 3 月 28 日新闻联播）

例 9 画线部分"消费提振年""季季有主题""月月有展会"等均与转述言语有关。2023 年 1 月 19 日国新办举行新闻发布会，商务部、文化和旅游部、国家市场监督管理总局有关负责人介绍了保障春节市场供应、促进节日消费有关情况时，商务部副部长盛秋平提出把全年定位为"消费提振年"，确定了"全年乐享全民盛惠"主题，会同相关部门、地方和行业协会安排近 300 场活动，做到"季季有主题、月月有展会、周周有场景"。虽与转述言语有关，但主要目的在于对此做出回应，展现了全国各地纷纷以此为契机，八仙过海，各显神通，通过采取一系列措施，形成各地消费热潮。因此,这种互文策略建议我们国家在后疫情时代从关注国计民生的大局出发,将重点围绕改善消费条件、创新消费场景、营造消费氛围、提振消费信心,促进消费向绿色、智能、健康、品牌、时尚方向发展,增强消费的基础性作用,文化与旅游两手一起抓的国际生态化旅游形象。

提及(mention)指的是当前语篇中虽然没有引用原话,但是提到了另一具体语篇、话语或话语事件,从而形成两者之间的互文关系(辛斌、李文艳,2019:30)。请看下例:

10. 2022年,中央纪委国家监委<u>公开通报</u>32名中管干部接受审查调查的消息,<u>发布</u>37名中管干部受到党纪政务处分的通报。(2023年1月7日新闻联播)

11. 党的十八大以来,习近平总书记多次主持召开<u>座谈会</u>,强调要坚持把修复长江生态环境摆在推动长江经济带发展工作的重要位置,共抓大保护,不搞大开发。他走遍长江的上中下游实地调研,深刻阐释长江经济带保护和发展的辩证关系和战略考量。坚持生态优先、绿色发展。(2023年4月27日新闻联播)

例10画线部分提及中央纪委国家监委的两份公开通报,分别涉及一些中管干部接受审查调查和受到党纪政务处分。这些话语事件虽然不涉及详细的具体内容,如这些干部的姓名,工作单位,接受调查的具体原因以及具体何种党纪政务处分等,但为电视机前的观众朋友们提供了信息来源。新闻联播的受众信息诉求的目的因人而异,这样对那些欲获得更多信息的受众而言,就可以通过进一步查阅相关资料来了解详细信息,达成其诉求。因此,这种提及互文策略建构我们国家在反腐败问题上绝不手软,一视同仁,只要存在腐败问题产生的土壤和条件,反腐败斗争就一刻不能停,必须永远吹冲锋号地狠抓党风廉政建设形象。

例11画线部分同样也是提及策略。习近平总书记多次召开的座谈会这些话语事件与当前语篇构成明显互文关系。与例10相比,虽然概括了座谈会上习近平总书记的一些重要论述内容,体现了国家领导人对长江经济带生态环境保护的重视,但毕竟没有引用原话。同时也为想了解历次座谈会具体内容的受众提供了信息来源,使其有据可查。该互文策略建构了我们国家高度重视生态环境保护和发展,大力推动长江经济带发展,奋力推进长江经济带成为我国生态优先绿色发展主战场、引领经济高质量发展主力军的生态文明倡导者和践行者形象。

转述言语是在传统形式的新闻语篇中最常见的一种明显互文性（辛斌、李文艳，2019：29），在央视新闻联播中亦是如此。针对新闻报道惯于引用他人话语来达成修辞目的这一话题，Fishman（1980：92）曾指出"新闻的这一基本原则可以概括为'某件事如此是因为某个人说它如此'"。转述言语分类形式有多种，其中国际著名语言学家Leech & Short（1981）把转述言语主要分为五种："直接言语"（direct speech，DS）、"间接言语"（indirect speech，IS）、"自由直接言语"（free direct speech，FDS）、"自由间接言语"（free indirect speech，FIS）和"言语行为的叙述性报道"（narrative report of speech act，NRSA），并按照转述者的介入程度从左至右进行了排序，分别为FDS、DS、FIS、IS和NRSA的顺序。不难看出，最左边的FDS无论在形式或内容上都与原话最接近，转述者介入的程度最低，而最右边的NRSA则只是一般性地转述原话所实施的言语行为，因此主要传达转述者的声音。根据我们的语料分析，新闻联播中的转述言语主要有如下几种表现形式：

12. 2018年4月，在庆祝海南建省办经济特区30周年大会上，<u>习近平总书记郑重宣布</u>，党中央决定支持海南全岛建设自由贸易试验区，支持海南逐步探索、稳步推进中国特色自由贸易港建设，分步骤、分阶段建立自由贸易港政策和制度体系。2022年4月，习近平总书记再次来到海南考察，<u>强调</u>要加快建设具有世界影响力的中国特色自由贸易港，让海南成为新时代中国改革开放的示范。（2023年4月12日新闻联播）

13. ……总书记多次实地考察调研，并主持召开会议研究部署，<u>作出</u>一系列重要指示批示，为雄安新区建设发展指明方向。（2023年4月1日新闻联播）

14. 习近平总书记<u>指出</u>："水网建设起来，会是中华民族在治水历程中又一个世纪画卷，会载入千秋史册。"今年以来，水利投资持续发力，国家水网建设加快推进，综合效益不断显现，为高质量发展提供了有力支撑。（2023年4月17日新闻联播）

15. 习近平总书记在党的二十大报告中深刻<u>指出</u>，坚决打赢反腐败斗争攻坚战持久战。只要存在腐败问题产生的<u>土壤和条件</u>，反腐败斗争就一刻不能停，必须永远吹冲锋号。（2023年1月7日新闻联播）

例12画线部分"郑重宣布"和"强调"是新闻语篇间接引语中常用到的转述动词。其中"郑重宣布"的被转述内容为"党中央决定支持海南全岛建设自由贸易试验区……政策和制度体系"；"强调"的被转述内容为"要加快建设……中国改革开放的示范"。与直接转述相比，这种间接转述的言语内容无论在形式上还是内容上都有所不同。从形式上看，两个转述动词后面均没有出现双引号；从内容来看，引用的也并非习近平总书记的原来话语，表明了转述者（央视记者）对习近平总书记的讲话进行了阐释性的转述。这种间接转述有其特殊功能，在这个问题上，辛斌、李文艳（2019：30）认为"大众传播媒体作为公共领域和私人领域的媒介，经常会通过间接转述形式把官方的观点以通俗易懂的语言传递给读者，这不仅有助于公众理解和接受这些观点，而且会拉近媒体与公众之间的距离"。也就是说，这里转述者通过较大程度地介入习近平总书记发表的有关讲话，用较为通俗的形式把讲话内容传达给受众，同时又拉近了央视新闻联播与受众的互动距离，有助于信息的理解和接受，成功实现了其传播目的。不难看出，新闻报道者通过间接引语的使用分别建立了该语篇和习近平总书记2018年4月在庆祝海南建省办经济特区30周年大会上的讲话以及2022年4月习近平总书记再次来到海南发表的讲话的互文关系。因此，这种间接引语互文策略反映了我们国家对海南全岛建设自由贸易试验区的决心和信心，建构了重视高质量发展的国家形象。

例13画线部分"作出"属于言语转述中的言语行为叙述性报道。通过言语行为的叙述性报道建立了该语篇同习近平总书记主持召开的一系列会议的发言的互文关系。在言语行为的叙述性报道中转述者既不承诺忠实于原文的内容也不承诺忠实于其形式，因而这种转述形式要比间接言语更为间接（辛斌，2005：115），也就是说，与间接引语相比，在言语行为叙述性报道中转述者接入的程度会更大。这里转述者使用言语行为叙述性报道形式，一方面，传达了其本人对习近平总书记话语的解读，即这是一种批示或命令行为（作出指示／批示）；另一方面，也表达了对雄安新区未来发展的坚定信念（指明了方向）。因此，这种言语行为叙述性报道策略与当前语篇也建立了互文关系，建构了我们国家努力创建雄安这座"未来之城"，致力于新时代高质量发展形象。

例14属于典型的新闻报道中的直接转述，通过直接转述形式建立了该报道同习近平总书记讲话的明显互文性，体现为被转述者（习近平总书记）＋转述动词（指出）＋被转述原话（"水网建设起来……会载入千秋史册"）结构。辛斌、李文艳（2019：30）强调"直接言语的转述者对于消息内容的介入程度较低，其使用往往表明转述的是原话语的形式和内容",也就是说,这种转述策略会更加忠实于原文的形式和内容。此次报道者通过直接转述习近平总书记关于国家水网建设有关论断,意在增强报道的权威性和客观性,也彰显了国家领导人对水网建设的大力支持,因此建构了我们国家关注民生,大力促进高质量发展形象。

例15中,第一句属于典型的间接引语,转述者通过适当阐释习近平总书记在党的二十大报告中的讲话,用通俗简练的文体增强了讲话内容的可读性,又拉近了同受众的互动距离,这与例12形式和功能类似。第二句则属于另一种转述形式——自由间接引语。根据 Leech & Short(1981)的观点,自由间接引语是一种介于直接引语和间接引语之间的成分,兼有二者的部分特征,辛斌(2010:73)认为"自由间接引语其实是间接引语的变体,它融合了转述者和被转述者的声音"。因此,较难区分哪些形式和内容是转述者的,哪些是被转述者的。从介入程度看,自由间接引语中转述者介入程度低于间接引语,但高于直接引语。该句中,"只要存在腐败问题产生的土壤和条件,反腐败斗争就一刻不能停,必须永远吹冲锋号"似乎是转述者(报道者)的声音——对习近平总书记的讲话进行阐释,属于叙述(narration)。但由于第一句中"习近平总书记……指出"的存在,很容易让受众认为这仍然是习近平总书记(被转述者)未说完的话语,尤其在新闻联播直播时更明显、更突出。考虑到该句没有出现明显的转述动词,我们认为这属于自由间接引语形式,倾向于表达被转述者的声音,但又掺杂了转述者的声音。这种互文策略与当前报道构成明显互文关系,达到了报道者的修辞目的,意在反映党中央对反腐败问题的正确认识和坚决打赢反腐败斗争的决心。因此,建构了我们国家坚决反腐倡廉的浩然正气形象。

否定(negation)的使用主要出于辩论目的,指当前的否定命题恰恰预设了其他文本中曾出现的肯定命题,因而是一种特殊的预设形式,以反驳或排斥其他话语(Fairclough,1992:121-122)。例如:

16. 党的十八大以来,习近平总书记多次主持召开座谈会,强调要坚持把修复长江生态环境摆在推动长江经济带发展工作的重要位置,共抓大保护,<u>不搞大开发</u>。(2023年4月27日新闻联播)

17. 改革<u>不停顿</u>,开放<u>不止步</u>。目前,海南全岛封关运作准备已全面启动,64项工作任务、31项建设项目等紧锣密鼓推进。同时启动新一轮制度集成创新三年行动,进一步深化数字贸易规则、规制、管理、标准方面的研究,在更大范围、更高层次、更宽领域加快推动制度型开放。

（2023 年 4 月 12 日新闻联播）

18. 2022 年,以习近平同志为核心的党中央发扬彻底的自我革命精神,坚持以零容忍态度反腐惩恶,一体推进<u>不敢腐、不能腐、不想腐</u>,持续净化党内政治生态。（2023 年 1 月 7 日新闻联播）

例 16 中"不搞"预设了在其他文本或话语中出现的肯定命题,主要用来反驳民间曾经流传的关于要开发长江经济带的谣言。这种明显互文策略加强了当前语篇与其他语篇的对话性,因此建构了我们国家未来会继续加强生态环境保护,坚定不移地开展生态文明建设的勇于担当大国形象。例 17 中"不停顿"和"不止步"也是如此,它们恰恰驳斥了一些别有用心的国家或个人在不同场合故意诋毁我国改革开放政策的一些毫无事实根据的言论。当前,西方社会存在民族主义、民粹主义等不良思潮,国际右翼势力抬头,部分欧美国家反对全球化呼声甚嚣尘上。在此背景下,报道者通过使用否定这种明显互文策略,有力地驳斥了这些思潮。因而建构了我们国家蹄疾步稳地继续推进改革开放政策,向着更加开放、更具活力的新征程阔步迈进的勇于开拓、积极进取形象。例 18 中画线部分"不敢腐、不能腐、不想腐"与当前一些干部对腐败现象的不良认知构成明显互文关系,旨在驳斥这些干部的错误思想言论和侥幸心理。习近平总书记曾多次强调,腐败是危害党的生命力和战斗力的最大毒瘤,反腐败是最彻底的自我革命。鉴于当前国内反腐败斗争形势依然严峻复杂,遏制增量、清除存量的任务依然艰巨,因此必须持续发力、纵深推进,坚决打赢反腐败斗争攻坚战持久战。此处建构了我们国家坚决惩治腐败,纠正"四风",努力净化政治生态的风清气正形象。

用典（allusion）顾名思义是引用历史上的故事或书籍中的典故（如古代神话、诗词、民俗、谚语等）来映射现代生活的内容,即借用古人的观点来证明新提出的观点,从而达到以史为鉴、援古证今的效果（武建国、徐嘉,2021：46）,属于间接照应。请看下面的例子:

19. <u>路虽远,行则将至</u>；<u>事虽难,做则必成</u>。新的征程已经开启,我国将发射"鹊桥二号"中继星,为后续月球探测任务提供中继通信服务,此后,将发射嫦娥六号,执行人类首次月球背面采样返回任务。嫦娥七号计划着陆于月球南极,开展飞跃探测,并与嫦娥八号组成月球科研站的基本型。（2023 年 1 月 26 日新闻联播）

20. 今年,围绕实施新一轮千亿斤粮食产能提升行动,水利部等部门正在加快编制全国农田灌溉发展规划。"十四五"期间将对 124 处大型灌区和 1000 多处中型灌区实施现代化改造,可以增加有效灌溉面积1900 万亩,改善灌溉面积约 1.2 亿亩。<u>水润华夏,泽被万物</u>。随着国家水网重大工程加快建设,将进一步增强我国水资源统筹调配能力、供水保障能力和战略储备能力。(2023 年 4 月 17 日新闻联播)

　　例 19 画线部分的意思是:路途虽然遥远,但是只要一直走下去就终有走到的一天,事情虽然难处理,但是只要一直做下去就会有最终成功的那一天,该句引自《荀子·修身》篇中修身古语:“道虽迩,不行不至;事虽小,不为不成”,与当前新闻报道构成明显互文关系。该报道与中国的航天探月工程有关。众所周知,欲成功必须不休不辍,不害怕遥远艰难,修身、齐家、治国、平天下无不如此,作为实现中华民族自强不息的飞天揽月之梦的探月工程更是如此。探月工程难度之大超乎常人想象。因此,通过这种明显互文策略的使用,报道者建构了我们国家坚持太空探索、逐梦,不畏艰险,勇攀科技高峰的奋斗者形象。例 20 画线部分“水润华夏,泽被万物”引自《老子》:“上善若水,水善利万物而不争,处众人之所恶,故几于道。”即人的境界应该做到如水那样的胸襟和气度:不与世人一般见识、不与世人争一时之长短,做到至柔却亦能容天下。该典故与当前语篇构成明显互文关系。国家水网建设功在千秋,利在万代。随着国家水网重大工程建设的加快,我国水资源统筹调配能力、供水保障能力和战略储备能力将进一步增强,综合效益不断显现。通过使用这种互文策略,该报道建构了我们国家为改善国计民生而持续奋斗形象。

　　仿拟(parody)作为重要的修辞手法,指有意仿照人们熟知的现成语言材料,根据表达需要临时创造出新的表达方式来达到交际目的,这些语言材料一般来自成语、谚语、名言、警句等。例如:

　　21. <u>七年磨一剑</u>,砥砺再出发。胸怀大局、自信开放、迎难而上、追求卓越、共创未来的北京冬奥精神正激发着亿万人民的自信心和凝聚力,化作中华民族向着伟大复兴的中国梦奋勇前进的磅礴力量。(2023年 2 月 4 日新闻联播)

　　22. <u>向最高处仰望</u>,往最深处扎根。从超深层涌出的滚滚油气到获取地球深部的信息技术,我国在地球深部探索上正不断取得新突破。(2023 年 5 月 2 日新闻联播)

　　例 21 画线部分“七年磨一剑”与唐代诗人贾岛的诗《剑客》有关:“十年磨一剑,霜刃未曾试。今日把示君,谁有不平事?”其中“十年磨一剑"指的是要成功干成一件事,必须经过长时间的学习磨炼和精心准备才行。新冠疫情肆虐之下,能够成功、圆满举办此次奥运盛事实属不易。此处通过仿拟策略建立了同当前语篇的明显互文性,意在突显北京冬奥会从申请到周密准备乃至成功举办的来之不易,彰显了胸怀大局、自信开放、迎难而上、追求卓越、共创未来的北京冬奥精神。因此,该策略建构了我们国家胸怀大局,勇于担当的负责任大国形象。

例22画线部分"向最高处仰望"与我国传统经典《诗经·小雅·车辇》有关,原文为"高山仰止,景行行止,虽不能至,然心向往之",意思是高尚品德如巍巍高山那样让人仰慕,光明言行则似通天大道般使人遵循。虽然不能达到这样的境界,但心里也大抵知道努力的方向。此处通过仿拟建立了与当前语篇的明显互文性,体现我国科技实力正在从量的积累迈向质的飞跃、从点的突破迈向系统能力提升,在深海、深空、深地、深蓝等领域积极抢占科技制高点,并取得一系列新突破的可喜成就。因此,该仿拟策略建构了我们国家致力加强原创性、引领性科技攻关,支持、鼓励地球深部探索的科技大国形象。

二、篇际互文性

篇际互文性共分为四种:融合型篇际互文性、镶嵌型篇际互文性、转换型篇际互文性和链接型篇际互文性(武建国,2010:19;武建国、徐嘉,2021:47)。

融合性篇际互文性指当前语篇中不同体裁、话语或风格等规约成分混合得比较复杂而较难辨认(武建国,2012:18),如图1-2所示。这种互文策略可使语篇更形象、更生动、更具说服力。

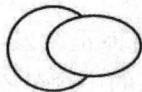

图1-2　融合型篇际文性

镶嵌型篇际互文性指语篇中不同体裁、话语或风格等规约成分往往以镶嵌的形式共存,其中的某一成分往往界限鲜明地嵌入由另一成分形成的模板之中(武建国,2012:19),如图1-3所示。该互文策略有助于建构语篇的真实性和可读性,拉近交际双方距离,激发受众兴趣。

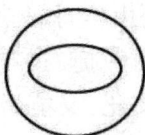

图 1-3　镶嵌型篇际互文性

转换型篇际互文性涉及一个语篇中不同体裁、话语或风格的轮流交替或转换(武建国,2012:19),如图 1-4 所示。这种互文策略常见于新闻报道中,如新闻主持人播报体裁和采访对话体裁之间的转换,以及几个采访对象的不同话语风格之间的轮换(武建国、林金容,2016:46)。这种互文策略可使语篇形式丰富多彩,更具感染力和亲和力。

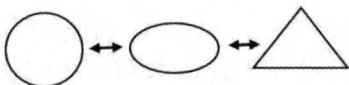

图 1-4　转换型篇际互文性

链接型篇际互文性通过不同体裁、话语或风格之间持久稳定而有规律的链接构成(武建国,2012:19),如图 1-5 所示。在多媒体技术发达的今天,这种互文策略应用范围较广泛,如互联网上随处可见图片与文字话语的链接,以及不同领域话语的链接等(武建国、林金容,2016:47)。链接型篇际互文性侧重由此及彼,在各语篇的相互关联中达到对有关概念的最佳认知。

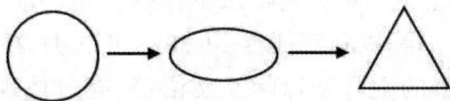

图 1-5　链接型篇际互文性

本研究发现,央视新闻联播新思想引领新征程板块主要采用了融合型、镶嵌型和链接型三种篇际互文性策略,未出现转换型篇际互文性。下面我们分别探讨这三种篇际互文性的使用:

23. 习近平总书记指出,中华民族是勇于追梦的民族。党中央决策实施探月工程,圆的就是中华民族自强不息的飞天揽月之梦。兔年春节,在遥远的月球,玉兔二号发来最新月背影像。

玉兔二号月球车的名称是由全球征名而来。在中华民族神话传说中,月亮上有一只玉兔,善良而敏捷,这与月球车既形似又神似。取名"玉兔",既能体现深厚的民族文化,又能激发民众勇于探索、敢于创新的热情。

自 2019 年 1 月 3 日,玉兔二号月球车着陆月背以来,这只目前世界上工作时间最长的"小兔子"累计行驶近 1500 米,发布科学数据超过 940GB,为研究月球提供了重要的科学依据。

习近平总书记高度关注我国探月工程,多次会见嫦娥任务参研参试人员代表。2021 年 2 月 22 日,习近平总书记在会见探月工程嫦娥五号任务参研参试人员代表时强调,要弘扬探月精神,发挥新型举国体制优势,勇攀科技高峰,服务国家发展大局,一步一个脚印开启星际探测新征程,不断推进中国航天事业创新发展,为人类和平利用太空作出新的更大贡献。

牢记总书记嘱托,中国探月工程行稳致远。从嫦娥一号实现绕月探测到嫦娥四号实现全人类首次月球背面软着陆和巡视探测,再到嫦娥五号首次实现我国地外天体采样返回,中国探月工程"连战连捷",如期圆满完成"绕、落、回"三步走战略规划。

路虽远,行则将至;事虽难,做则必成。新的征程已经开启,我国将发射"鹊桥二号"中继星,为后续月球探测任务提供中继通信服务,此后,将发射嫦娥六号,执行人类首次月球背面采样返回任务。嫦娥七号计划着陆于月球南极,开展飞跃探测,并与嫦娥八号组成月球科研站的基本型。

太空探索永无止境,逐梦之路永不停歇。中国航天正以新的姿态,一步一个脚印开启星际探测新征程。(2023 年 1 月 26 日新闻联播)

例 23 属于典型的融合型篇际互文语篇,充分体现了新闻联播语篇中不同体裁、话语或风格等规约成分的交相辉映。首先,该语篇体现为阐释、叙事、劝诫、鼓励四种种修辞功能的完美结合:第一段属于阐释,通过间接引用习近平总书记关于中华民族特质的论述,旨在向全国观众进一步阐释党中央决策实施探月工程的意义;随后,从第二段至第四段属于叙事,其中第二、三段通过叙事的方式向全国观众传达了玉兔二号月球车名称的由来及着陆月背以来的工作成就,既体现了我们的传统文化,又彰显了中华民族孜孜不倦的探索精神;第四段展示了党和国家领导人对探月工程的关注,仍是叙事,主要描述习近平总书记 2021 年会见探月工程嫦娥五号任务参研参试人员这一话语事件；第五、六段属于劝诫，通过引用国家领导人的相关表述及古代圣人先贤的论断，意在告诫探月工程科技人员戒骄戒躁，行稳致远，勇攀高峰；最后一段从修辞看属于鼓励，旨在激励中国航天事业新征程上再创佳绩，如"中国航天正以新的姿态……"其次，该新闻语篇还将科技话语、通俗话语以及与传统儒家经典话语三种文体融为一体：这篇新闻报道的主题为探月工程，因而，从内容看应属于晦涩难懂的科技话语，如"月球背面软着陆和巡视探测""地外天体采样返回""中继通信"等，然而该语篇融合了通俗话语，如讲述与"玉兔"有关的中华民族神话传说——"在中华民族神话传说中，月亮上有一只玉兔"，以及与儒家经典话语的完美结合，如"路虽远，行则将至；事虽难，做则必成"，这样就拉近了与受众的互动距离，容易引起共鸣。最后，语篇还展示了新闻播报口语风格与正式书面风格的巧妙融合：新闻联播作为一种特殊语体（写说语篇），从传播渠道看，属于视听类电视新闻，从传播媒介看，则属于较为正式口语体，因此它既不像书面语体那么严肃，也不像口语体那么随意。该语篇体现了与正式书面语体的完美融合。为向观众形象生动地说明玉兔二号月球车着陆月背三年来的工作进展情况，该语篇借助了官方统计数据形式（正式语体范畴），如"这只目前世界上工作时间最长的'小兔子'累计行驶近1500米，发布科学数据超过940GB"，这样会更直观、更具体地传播信息。再如语篇最后两段的首句均带有明显的书面语体风格："路虽远，行则将至；事虽难，做则必成"来自我国古代文化经典，"太空探索永无止境，逐梦之路永不停歇"中排比结构的使用，亦属于正式语体风格。将口语体与书面语体有机融合在一起，增强了语篇的可读性和趣味性。

显而易见，新闻语篇通过这种多维度融合的篇际互文策略的使用，充分建构了我们国家重视科技、关心人才、不惧艰险、勇毅前行的科技强国形象。

24. 把握大趋势，下好"先手棋"。新征程上，强化基础研究前瞻性、战略性、系统性布局，我国正深入实施"高等学校基础研究珠峰计划"，今年支持建设了6个前沿科学中心。同时，组建多学科交叉大团队，围绕集成电路、人工智能、生物制造等领域，有组织开展重大攻关项目培育行动，提升高校承担国家重大战略任务的能力。（2023年5月6日新闻联播）

25. 建设国家水网，还需要在畅通微循环上下绣花功夫。为了加强国家水网的"毛细血管"建设,今年国家将着力补上民生水利工程的短板,打通水网建设"最后一公里"。今年,全国农村自来水普及率将提升至 88%,规模化供水工程覆盖农村人口比例达到 57%。今年,围绕实施新一轮千亿斤粮食产能提升行动,水利部等部门正在加快编制全国农田灌溉发展规划。"十四五"期间将对 124 处大型灌区和 1000 多处中型灌区实施现代化改造,可以增加有效灌溉面积 1900 万亩,改善灌溉面积约 1.2 亿亩。水润华夏,泽被万物。随着国家水网重大工程加快建设,将进一步增强我国水资源统筹调配能力、供水保障能力和战略储备能力。(2023 年 4 月 17 日新闻联播)

　　上面两例均属于新闻联播中的镶嵌型篇际互文型语篇。例24 新闻的标题为"加强基础研究 助力强国建设民族复兴",是一篇有关我国实现科技自立自强、建设科技强国的新闻报道,从内容看,属于科技语篇范畴。画线部分"先手棋"则与《棋经十三篇》有关,为棋盘游戏术语。在棋局中,博弈双方为夺取胜利,必须在战斗中取得主动,因此为争取主动,夺取胜利,每下一子,使对方必应,这叫先手,与"后手"相对,《棋经十三篇》曰"宁输数子,勿失一先"。加强基础研究犹如下好"先手棋",报道者将通俗易懂的棋盘常用术语镶嵌于科技报道中,增强了科技报道的趣味性和可读性,使观众切实感受到新时代新征程强化基础研究的前瞻性和战略性作用,同时也拉近了与受众的距离。因此,该互文策略建构了我们国家注重基础研究,鼓励科技创新的科技大国形象。

　　例25 新闻的标题为"国家水网建设提速助力高质量发展",是一篇有关我们国家加快推进国家水网建设的新闻报道,也属于较为正式的语体范畴。画线部分"绣花"也称"刺绣"或"针绣",原指按设计的花样,用绣针在织物上刺缀运针,以绣迹构成纹样或文字,是我国优秀的民族传统工艺之一,因此属于受众熟悉的日常话语。将"绣花"这种通俗话语镶嵌于国家水网建设的正式语体中,报道者旨在获得与上例类似的语篇效应:使受众对国家水网畅通微循环建设产生更直观、更充分的了解,拉近了交际双方的社会距离。因此,通过镶嵌型篇际互文性策略的使用,该例建构了我们国家以人为本、关注民生、注重高质量发展的亲民形象。

　　26. 推动长江经济带发展是以习近平同志为核心的党中央作出的重大决策,是关系国家发展全局的重大战略。沿江各省市按照习近平总书记重要指示要求,奋力推进长江经济带成为我国生态优先绿色发展主战场、引领经济高质量发展主力军。长江经济带覆盖沿江 11 省市,人口规模和经济总量占据全国"半壁江山"。

党的十八大以来,习近平总书记多次主持召开座谈会,强调要坚持把修复长江生态环境摆在推动长江经济带发展工作的重要位置,共抓大保护,不搞大开发。他走遍长江的上中下游实地调研,深刻阐释长江经济带保护和发展的辩证关系和战略考量。坚持生态优先、绿色发展。

一系列制度设计,构筑沿江省市协同共抓大保护良性格局。在上游,云南、贵州等地建立流域横向生态补偿机制,川渝一体化推动实施上百个跨界河流治理项目。在中游,江西、湖北、湖南三省实行会商决策、执行落实协同推进,合力抓好湖泊湿地保护与生态修复。

在下游,长三角三省一市加强联保共治,提升流域跨界水体生态质量。坚持生态优先、绿色发展,母亲河重新焕发生机和活力。2022 年,长江流域水质优良断面比例为 98.1%,连续三年干流水质保持Ⅱ类。

赤水河鱼类五年翻了一番,被称为长江生态"晴雨表"的江豚频频现身。如今,城水相依、山水人城和谐相融的新画卷正在长江经济带徐徐展开。生态优势激发新动能,沿江省市高质量发展迈上新台阶,一批有竞争力、影响力的优势产业集群加速成长。

上海、安徽、江苏、浙江共建长三角科技创新共同体、长三角国家技术创新中心,协同打造具有全国影响力的科技创新和制造业研发高地。2022 年,长三角地区高新技术企业有 11.6 万家,全国占比 29%;长三角科创板上市企业有 233 家,占全国总量的 46.51%。重庆着力发展数字经济、智能网联新能源汽车、先进材料等产业,五年来单位地区生产总值能耗年均下降 2.9%。

江西聚焦锂电、稀土、新能源等新兴产业,构建现代产业体系。湖北宜昌的支柱产业化工业,依托科技攻关,加速向新材料、新能源电池和高端装备制造等迭代升级。万里长江,奔流不息,惠泽两岸。

沿江百姓牢记嘱托,在充满光荣和梦想的新征程上,正齐心协力绘出更加壮美的万里长江新图景。(2023 年 4 月 27 日新闻联播)

例 26 属于链接型篇际互文语篇,该报道的标题为"生态优先绿色发展 绘就万里长江新图景"。学界认为,链接型篇际互文性主要体现为几种不同语用功能在当前语篇中的有规律链接呈现(武建国、林金容,

2016：47；武建国、徐嘉，2021：48）。在该新闻语篇里，为向受众充分阐明我国坚定不移推行生态优先绿色发展理念，报道者首先阐释了推动长江经济带发展这一重大战略，聚焦我国生态优先绿色发展以及引领经济高质量发展（第一段）；其次通过叙事的形式展现了我们国家自十八大以来以习近平同志为核心的党中央对修复和保护长江生态环境的殷殷嘱托，如多次召开座谈会、开展实地调研（第二段）。同时描绘了我们国家上下一心，长江中下游各沿江省市牢记党中央嘱托，群策群力，奋力开拓的可喜画面（第三、四段），如长江中上游地区的生态补偿机制、河流治理项目、湖泊湿地保护等政策的落实和推进，长江下游地区积极开展联保共治，提升流域跨界水体生态质量。这一切反映了我国生态环保理念扎实推进并取得一系列重大成就。随后，报道者通过鼓励的语用功能构建了我国长江沿岸各省市利用生态优势激发新动能，高质量发展迈上新台阶，优势产业集群和科技创新不断取得新突破的可喜成就（第五、六、七、八段），如"2022年，长江流域水质优良断面比例为98.1%……""赤水河鱼类五年翻了一番，被称为长江生态'晴雨表'的江豚频频现身……"以及"上海、安徽、江苏、浙江共建长三角科技创新共同体……"等。最后，报道者通过劝诫的形式，勉励沿江百姓接续奋斗，再创佳绩，不断绘出万里长江新图景（最后一段）。这样该新闻将阐释、叙事、鼓励和劝诫四种语用功能有机链接在一起，有助于增强受众对党中央坚持长江经济带生态优先绿色发展的认知，因此建构了我们国家积极推动生态优先绿色发展形象。

【小结】

作为一种重要的话语互动策略和修辞手段，互文性广泛应用于各类语体中。本章探讨了央视新闻联播"新思想引领新征程"板块中互文性话语表征形式及其功能。通过有限的语料，我们发现新闻联播主要通过使用预设、回应、提及、转述、否定、用典和仿拟七种明显互文性策略以及融合型、镶嵌型和链接型三种篇际互文性策略，共同展示了我们国家为实现十四亿中国人民的中国梦，开拓进取，勇毅前行，坚持创新，积极推动生态文明建设，坚决惩治腐败，努力塑造风清气正的社会政治生态和干事创业环境，积极改善国计民生和赓续奋斗的风采，从而成功塑造了新时代可信、可敬、可爱的中国形象。本章仅从有限的语料出发探讨互文性与国家形象建构的关系,欲充分了解新闻联播中互文性策略的形式和功能,则需要展开大规模的语料研究,期待未来有更全面研究的涌现。

第二章

新闻叙事策略之言语转述 [①]

第一节 引 言

著名批评语言学家费尔克劳（Fairclough,1992：28）认为,对同一个语篇的解读往往因语境和解读者的不同而相异,这便意味着若不考虑语篇社会分配、语篇消费和语篇解读,是无法轻而易举地捕获其中含意识形态在内的语篇社会意义。新闻语篇作为一种特殊语体,很难表现出纯粹客观、公正的一面,总是蕴含报道者一定的意识形态意义,因而对解读过程的要求相应也会更高。意识形态广泛存在于各类语篇或话语中,"意识形态是任何类型的语篇中,甚至科学语篇中都可能存在的一个表义层面,任何社会交流材料都容易产生意识形态性质的解读"（Veron,1971）,因而在阅读外国报刊时,受众对新闻语篇意识形态的解读一直是重中之重。《高等学校英语专业英语教学大纲》（2000）也规定：外国报刊选读课的目的在于培养学生阅读英美报纸杂志的能力。通过

---

① 本章主要内容已刊发于《复旦外国语言文学论丛》2014 年春季号

熟悉英美报纸、杂志的文章的一般特点,分析文章的思想观点、篇章布局、语言技巧及文体修辞等,进一步提高学生的阅读理解能力和思想表达能力。阅读外刊就要重视研究其中的意识形态,只有弄明白报道者的意识形态倾向才能真正读懂报刊,提高受众的媒介素养,为我所用。国内已有不少学者从不同层面开展对媒体意识形态的研究(张晓欣、张树彬、李熙,2011;田海龙、张向静,2013;张向静,2011),同时从转述方式的角度研究新闻报道逐渐引起人们的兴趣。转述言语是一种常见的重要叙事策略,在各类语体中得到广泛应用。辛斌(2006:43)指出,人们在分析新闻语篇时要特别关注其中的转述言语,因为"新闻语篇大量引用别人的话,主要目的在于为报道增添真实感,显示报道的客观性,使读者确信报道者并未掺杂个人的观点"(辛斌,2007:103)。辛斌(2006)、辛斌和李文艳(2019)还研究过不同类型新闻报道中直接引语的形式和功能,颇有代表性。2011 年 11 月 16 日,英国《卫报》和美国《纽约时报》同时刊登了美国将驻军澳大利亚的新闻报道,引起了当时国际社会的普遍关注。本章将以上述两则新闻报道为例,通过对转述引语的分析比较,有助于深入了解各自体现的意识形态上的差异。

第二节　转述引语及其分类

新闻报道离不开转述引语的使用,转述言语在新闻报道中占据着非常重要的地位,Fishman(1980:92)也曾指出,新闻的这条基本原则可表述为"某件事如此是因为某个人说它如此"。Leech 和 Short(1981)区分了 5 种转述引语形式:直接引语(Direct Speech, DS)间接引语(Indirect Speech, IS)自由直接引语(Free Direct Speech, FDS)、自由间接引语(Free Indirect Speech, FIS)以及言语行为的叙述性报道(the Narrative Report of Speech Acts, NRSA)。其中,自由直接引语是直接引语的一个变种,是指把直接引语的引号或其引导句或者两者一同删去之后剩下的形式(辛斌,2006:44);自由间接引语没有转述句,在语义和语用上它往往混合了转述者和被转述者两种声音(辛斌,2007:

115）；言语行为的叙述性转述指的是只转述他人话语所实施的言语行为，要比间接引语更为间接（同上）。五种转述形式按转述者的介入程度排列如下（箭头表示程度的增加）（Leech & Short, 1981）：

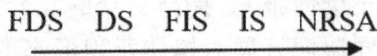

FDS　DS　FIS　IS　NRSA

图 2-1　转述者介入程度

图 2-1 表明：转述者若使用自由直接引语，其介入程度是最低的，往往最忠实于原话，意识形态倾向最弱；反之，若使用自由间接引语或言语行为的叙述性转述，转述者的介入程度逐渐增强，正如辛斌（2007：117）所言："与直接引语相比间接引语在更大程度上允许转述者介入他人的话语"，因而它们的使用很大程度上会暗含着强烈的意识形态倾向。

我们将只分析两篇类似英文报道中的直接引语和间接引语的介入，"原因一是 FDS 和 FIS 在新闻报道中几乎不出现，二是 NRSA 本质上属于间接引语"（辛斌，2006：45）。

第三节　《卫报》和《纽约时报》中两篇
报道之转述引语分析

针对美国驻军澳大利亚一事，《卫报》和《纽约时报》以不同的口吻进行了报道，前者的标题为 *China Uneasy over US Troop Deal in Australia*（中国对美驻扎澳大利亚感到不安），后者标题为 *A US Marine Base for Australia Irritates China*（美驻扎澳海军基地激怒中国），尤其 "uneasy" 和 "irritates" 两个实词的使用，它们多少能反映转述者对此事态的不同态度。Geis（1987：10）认为 "新闻媒体最重要的权力是它能说什么时候什么问题重要并决定在哪个问题上应听见何人的声音"，因此通过对转述引语的分析比较（见表 2-1 和表 2-2），我们往往会清楚地发现它们背后隐藏的意识形态上的差异。

表 2-1　《卫报》转述引语统计

DS 字数(个)	IS 字数(个)	全文字数(个)	DS 比例	IS 比例	引语比例
142	102	575	24.70%	17.74%	42.43%

表 2-2　《纽约时报》转述引语统计

DS 字数(个)	IS 字数(个)	全文字数(个)	DS 比例	IS 比例	引语比例
148	345	1302	11.37%	26.50%	37.86%

一、直接引语

表 2-1 中,《卫报》所使用直接引语占全文字数的比例较高(24.70%),细心的读者会发现被转述者来自 3 方,即中方、美方和澳大利亚,他们从不同角度代表了各自的声音:

1. "The United States is also trying to get involved in a number of regional maritime disputes, some of which concern China's sovereignty and territorial integrity," a commentary from China's official Xinhua news agency said.

2. "Our alliance is going to be indispensable to our shared future and the security we need and the prosperity we seek, not only here but around the world," Obama said.

3. But it was questioned by China's foreign ministry spokesman Liu Weimin. "Whether strengthening and expanding a military alliance is in the common interests of the region's countries and the international community is worthy of discussion," he said.

4. "This is a very strong statement that the US is in the region to stay," he(Dr. James Curran, senior lecturer in history at Sydney University)said.

从消息来源看,第 1 句和第 3 句体现了中国政府的声音,强调了主权和领土完整不受侵犯;第 2 句代表了美国政府的观点,突出了美方对其同盟国应尽的责任;第 4 句则是澳方学者的观点,认为美方将会在该地区长期驻扎,与直接转述澳方政府的观点相比,学者的观点可能比较理智,说服性较强,更能发人深思。毋庸置疑,美军之所以驻军澳大利亚,完全出于军事和经济战略的考虑,企图遏制中国的发展壮大,远非奥巴马论述的那么简单。直接引语出现了三方"当事人"的声音,兼听则明,偏信则暗,转述者不偏不倚,以中立的姿态向读者直接呈现被转述者的观点,转述者介入程度较低,因此该转述形式体现了转述者较理智、较客观的态度和立场,可信度较高。

相比而言,表 2-2 中《纽约时报》使用的直接引语占比较低(11.37%),还不及表 2-1 的一半,直接引语数量偏少意味着转述者对报道内容有较多的介入,从很大程度上操控了被转述者的声音,有着较强烈的意识形态倾向。该报道中仅有的 5 处直接引语如下:

5. "It may not be quite appropriate to intensify and expand military alliances and may not be in the interest of countries within this region," Liu Weimin, a Foreign Ministry spokesman, said in response to the announcement by Mr. Obama and Prime Minister Julia Gillard of Australia.

6. "I don't think they're going to be very happy," said Mark Valencia, a Hawaii-based senior researcher at the National Bureau of Asian Research.

7. "We're going to be in a position to more effectively strengthen the security of both of our nations and this region," he(Obama)said.

8. "The notion that we fear China is mistaken; the notion that we are looking to exclude China is mistaken," he(Obama)said.

9. "The United States has no stronger ally," Mr. Obama said.

从消息来源来看,第 5 句出自中方外交部发言人之口,认为加强和扩张军事同盟力量是不合时宜的;第 6 句来自美国国家亚洲研究所资深研究人士;剩余三句出自奥巴马。显而易见,除了第 5 句体现中国政府的观点外,第 6、7、8、9 句均代表了美方的立场,第 6 句被转述者看似中立,实则不尽然,从"happy(令人高兴)"一词的使用上可见一斑:美澳双方在不顾国际社会的反对下,擅自签署驻军协议,招致中国乃至国际舆论的强烈谴责,后果会相当严重(serious),但被转述者却轻描淡写,仅认为"not be very happy"(不会太高兴),实际上存在刻意包庇美国,以图大事化小之嫌。至此,转述者的美方立场很明确,通过大量转述奥巴马及美方代表人士的话语,意在给美国政府寻找借口,推脱责任,属于"贼喊捉贼",其意图不得不令人怀疑。

其次，上述两篇报道中均出现了另外一种转述形式，即在间接引述中把个别词或者短语加上引号，这种形式属于直接引语还是间接引语一直有争论，但 Bell（1991：208）认为它属于直接引语，往往能清楚表明转述者欲与引语保持距离，暗含怀疑或反对的态度，引号相当于"所谓的"（so-called）。我们将对这种形式的直接引语进行分析（见表 2-3）：

表 2-3　直接引语比较

	出现次数	被转述者
卫报	2	Global Timcs/Obama
纽约时报	4	Obama/Global Timcs

《卫报》中只出现 2 处，分别来自中国的《环球时报》和美国总统奥巴马：

10. The Global Times, a Communist party paper, said the Philippines, aided and abetted by the US, was intent on "*grabbing resources from Chinese water*".

11. But he（*Obama*）claimed that there will be times when Beijing does not play by the rules and the US will send a "*clear message that they need to be on track in accepting the rules and responsibilities that come with being a world power*".

两处直接引语的使用，表明转述者意欲和引语保持距离，因为这属于中美双方各自的观点，和自己无关，只是客观描述给读者，相信是非自有公论。不难看出，转述者是以中立的姿态来看待中美关系。

而在《纽约时报》中共出现 4 次，其中 2 次来自奥巴马，2 次出自中国《环球时报》：

12. Mr. Obama said he had "*made a deliberate and strategic decision—as a Pacific nation, the United States will play a larger and long-term role in shaping this region and its future*".

13. Defense cuts "*will not—I repeat, will not—come at the expense of the Asia-Pacific*," he said.

14. The Global Times, a state-run news organization known for its nationalist and bellicose commentaries, issued a stronger reaction in an editorial, saying that Australia should be cautious about allowing the United States to use bases there to "*harm China*" and that it risked

getting "*caught in the cross-fire*".

众所周知，奥巴马在其第一任期内，经济上面临的财政悬崖，使联邦政府不得不削减开支，失业形势依然严峻，社会福利有待提高，外交成就乏善可陈，导致美国公众的不满。转述者引用奥巴马的两段话，意在怀疑其外交政策，暗含对其政策的嘲讽，但丝毫看不出转述者对驻军一事的态度；反观转述者对待《环球时报》的态度；两处直接引语的使用表明报道者刻意否定在中方看来由驻军产生所谓的危害以及战争（如"harm"和"cross-fire"的使用），认为中国鲁莽草率，小题大做，惯于挑唆是非，实际上完全是为美国政府遮盖。由此不难看出，这4处直接引语的使用表明转述者完全站在美方立场看待驻军一事，暗含对中国的讥讽，实则只许州官放火，不许百姓点灯。

二、间接引语

通过表 2-1 和表 2-2 的统计分析，还可以发现《纽约时报》中的间接引语比例（26.50%）明显高于《卫报》（17.74%）。在报道中，报道者可以选择引用谁的话语和什么内容的话语，如何介入则由转述者的意识形态因素决定。与直接引语相比间接引语在更大程度上允许转述者介入他人的话语，因而间接引语往往是两种声音的混合交融（辛斌，2007：117），相比直接引语，更多间接引语的使用常常是对被转述者话语更大程度地介入和操控，介入的目的则是为本利益集团服务，以此可以堂而皇之地说服读者，让读者在不知不觉中接受转述者意识形态的影响。

表 2-1 中间接引语的比例低于直接引语，说明转述者以局外人的姿态较客观、公正地对待驻军一事，以直接转述当事人话语为主，间接转述为辅。只出现 10 处间接引语，转述美方 5 次，中方 5 次，各占 50%，从转述内容看，均涉及了中美各自的立场，基本符合中美双方的实际，较为真实，且都有具体确切的消息来源，说服性较强。

与此形成鲜明对比的是，表 2-2 中的间接引语比例大大超出直接引语，间接转述明显占上风，表明转述者更多地介入了他人话语。在 22 处间接引语中，转述美方 12 次，分别来自美国总统奥巴马、国务卿希拉里·克林顿、国防部部长帕内特等，都在为美国驻军澳大利亚找一堆借口，并非针对中国；转述中方也高达 7 次，占 32%，基本阐述了中方的立场,认为美方之所以驻军是为了从经济和军事上包围中国,遏制中国发展,破坏中国主权,看似客观,实则不然。沃洛西诺夫指出转述引语,只有参照它们的语境才能确定其意义,转述动词构成转述引语最直接的语境,具有预示和支配其意义的功能(辛斌,2007:121),几个特殊转述动词的使用不得不令人深思。在这两篇报道中,转述动词 "say(said)" 出现频率最高,在《卫报》中占 70%(10 个转述动词中有 7 个),在《纽约时报》也高达 73%(22 个转述动词中有 16 个),在英语里 "say" 和 "write" 在感情色彩上属中性,是最常用的转述动词(辛斌,2007:122),所以报道者往往倾向于使用它们以使报道内容显得客观。即便如此,在《纽约时报》的报道中,我们发现了仅有的两个特殊转述动词 "accused" 和 "argued";

15. ...but the move prompted a sharp response from Beijing, which *accused* Mr. Obama of escalating military tensions in the region.

16. It comes despite budget cuts facing the Pentagon and an increasingly worried reaction from Chinese leaders, who have *argued* that the United States is seeking to encircle China militarily and economically.

英语中常用的转述动词按其可能引起的感情色彩可分成两类:积极的(positive)和消极的(negative)(Geis, 1987: 130-132),上述两个转述动词则都属于消极的,而它们的动作发出者却是中方,与此相反,在转述美方言语时,转述动词要么是积极的(如 *describe/announce*),要么是中性的(如 *say/said*)。辛斌(2007:123)指出,积极动词帮助塑造消息来源的谨慎、镇定、严谨或成功者的形象;消极动词则给人一种鲁莽、软弱、易冲动或失败者的形象。转述者通过使用两个消极转述动词诋毁了中方的形象,相反,积极转述动词的使用则表明转述者试图提升美国及其盟国形象。另外 3 次来自分析者,但消息来源含蓄不露(主语仅为 *analysts*):

Analysts say that Chinese leaders have been caught off guard by what they view as an American campaign to stir up discontent in the region. China may have miscalculated in recent years by restating longstanding territorial claims that would give it broad sway over development rights in the South China Sea, they say. But they argue that Beijing has not sought to project military power far beyond its shores, and has repeatedly proposed to resolve territorial disputes through negotiations.

报道者出于某种目的故意隐瞒消息来源的做法叫作"参照虚构群体"（reference to mythical groups）（Edelman, 1977）。报道者不直接点明引语的发出者有其特殊的用意，门兹（辛斌，2007：112）指出，要查证这样的消息来源是不可能的，参照虚构群体的目的实际上是为了宣传和强化报道者的观点。这些所谓的分析家们一方面在弱化美澳之间的驻军协议及给国际局势带来的严重后果，如"*campaign*""*discontent*"等词的出现；另一方面，他们又置南海自古就是中国的水域这一史实于不顾，贬低中国的正当要求，如"miscalculated"（错误的估计）、"claims"（宣称）的使用。可以看出，这些所谓的分析家应该是亲美派，报道者通过间接转述，在没有直接交代引语的具体来源情况下，"假借"分析家之口，把自己的观点强加给读者，把中国塑造成异想天开，软弱可欺的不良形象，也带有浓厚的意识形态色彩。

【小结】

通过对两篇类似报道转述引语的对比分析，不难发现《卫报》中的报道形式和内容相对客观、公正，而《纽约时报》中则明显偏袒美方，对中方有偏见，有失公允，权力、话语与意识形态之间的密切关系跃然纸上。选择直接引语转述者的介入程度最低，选择间接引语则表明介入程度较高，选择何种转述形式很大程度上取决于意识形态因素。对转述引语的分析有助于我们正确解读新闻媒体的意识形态而不致受其蒙蔽。

第三章

中国主流报刊社论功能文体历时研究 [①]

第一节 引 言

　　西方现代文体学已走过百年发展历程,其开创人当推著名瑞士语言学家索绪尔的学生巴依(C. Bally,1865—1947),他开始采用现代语言学的方法(索绪尔结构主义语言学)反思传统修辞学,力图将文体学作为语言学的一个分支建立起来,以使文体分析更科学、更系统(申丹,2000:22)。1958 年美国印第安纳大学召开的国际会议“文体学研讨会”,被视为文体学发展史上的里程碑。在这次会议上,著名语言学家和文学理论家雅各布森宣称“如若一位语言学家对语言的诗学功能不予理睬,或一位文学研究者对语言学问题不予关心,对语言学方法置若罔闻,那他就明显落伍了”(Jacobson,1960:377)。申丹(2000:22)指出,这次会议对英美而言,标志着文体学作为一门交叉学科的诞生,对整个西方而言,则预示了文体学研究的全面展开并即将进入兴盛时期。在过

---

① 本章主要内容已刊发于《话语研究论丛》2020 年第 1 期

去的 60 年间,现代文体学成长迅速,在研究范围、研究方法等方面不断拓展。

在新世纪,文体学已逐渐发展成为一门独立的学科,且日臻完善。其中功能文体学作为文体学的一个重要流派,起源于韩礼德(Halliday)的系统功能语言学,其奠基之作为 "语言的功能与文体:对威廉·戈尔丁小说《继承者》的语言分析"("Linguistic Function and Literary Style: An Inquiry into the Language of William Golding's *The Inheritors*")(Halliday,1971),已被现代文体学家视为最成熟和最受欢迎的文体学派别之一,在新世纪依然方兴未艾。学界指出,功能文体学是系统功能文体学的简称,强调从语言功能的角度分析文学作品,注重意义的生成过程,因为 "作为社会建构体,语篇中不存在固定的意义,语篇理解是动态的过程而非静态的产品"(Birch,2005:42),其奠基之作是韩礼德的论文《语言功能和文学文体》(Halliday,1971)。此后,不断有学者(Leech & Short,1981;刘世生,1994;申丹,1997;张德禄,1999;宋成方、刘世生,2015)对该理论进行了阐述,厘清了学界的一些认识误区,有力地推动了功能文体学进一步发展。现代文体学之父雅各布森也主张语言学和文学研究应互为补充,认为 "语言学家对语言的诗学功能充耳不闻,或文学研究者对语言问题漠然置之,说明二者都是明显地落伍了"(Jakobson,1960:377)。与传统的文体分析不同,该文体派别普遍认为语言的功能理论是进行文体研究的有效工具,它注重情景语境和语言表达形式的密切联系(申丹,1997;张德禄,1999;刘世生、宋成方,2010;Canning,2014),其理论框架特色鲜明,分析工具较为精细,在对语言特征的描述上,张德禄等(2015:128)认为它比形式文体学更有说服力。

如今功能文体学研究已大大超出了文学语篇范围。在公共话语领域如新闻语篇,学界主要从共时的视角对其进行了功能文体研究(Crystal & Davy,1969;Brook,1979;秦秀白,1986;王佐良等,1987;Birch & O'Toole,1988;钱瑗,1991;O'Donnell & Todd,1991;徐有志,1992;张德禄,1998;张德禄等,2016),这些成果极大地丰富了受众对新闻意义潜势的认识,但美中不足的是缺少历时方面的研究,Birch(1988:168)认为 "偏重共时而忽略历时就会减少读者的意义选择",从而影响受众的充分解读。历时研究有助于揭示不同时期对意义潜势资源的选择以及语言作为系统网络的发展演变(phylogenesis),刘世生、宋成方(2010:18)曾指出"历时文体学是文体学研究的一个重要方面,功能历时文体学的研究目前还比较少见"。我国学界陆续展开了对《人民日报》元旦社论的历时分析,张意轩(2015)从新闻传播学的角度探讨了不同历史时期的社论风格特色,但缺少系统的词汇语法分析框架;黄莹(2011)、刘悦明(2012)、武建国等(2017)相继采用历时的视角研究元旦社论,但由于理论框架和研究目的所限,他们仅阐释了西方功能视角下人际意义这一种元功能的实现,未能关注概念意义和语篇意义,不能充分体现语篇的文体特征变化。此外,由于我国从总体上来说尚未建立一套完整、系统的当代中国话语理论,在研究中国现象时不得不依靠西方的旨趣、观念、标准和方法,结果是巩固了西方的学术话语霸权,淡出了自己的文化身份和声音(施旭,2013:51),因此在本土化研究中很有必要彰显中华学术的文化身份,以重塑自己的学术话语,实现话语研究的文化多元化和学术创新(施旭,2008:136)。

　　由此本文拟在功能文体学中的前景化理论基础上,采取自下而上的分析程序,兼顾失协与失衡两种突出形式,尝试对《人民日报》中的7篇元旦社论(分别为1950、1960、1970、1980、1990、2000、2010年元旦社论)进行系统全面的功能文体历时研究,以发现60年来在及物性、语气和情态、主位结构以及字系特征等主要次系统中的演变和规律。并在此基础上,为确切、充分地反映中国的现实与需要,本章引入中国话语文化性概念,从三个主要维度考察上述历时演变中的话语及话语主体,既丰富当前的功能文体研究,又能帮助我们认清、提高自己的话语实践,从而对当代中国特色话语研究体系建设有所贡献。

第二节　情景语境前景化

　　系统功能语言学认为语言是一个由多层级的系统网络构成的意义潜势,主张选择就是意义,形式体现功能。人们既可以通过语篇预测语境,也可以通过语境预测语篇,二者是密不可分的。Urbach(2013:317)明确指出,"重视语境以及学会把语境整合到语言理论中去,这对那些欲充分有效解读社会生活中语言的语言学家来讲至关重要"。语境包括文化语境和情景语境,其中情景语境作为文化语境的示例,其变量——语场、语旨和语式分别制约了对概念、人际和语篇语义系统的选择,语义系统又制约了对词汇语法系统以及字系或音系系统的选择,从而生成各种语篇。语篇中的概念功能主要由及物性体现,人际功能由语气、情态和人称代词等体现,语篇功能由主位结构、信息结构和衔接等体现。由于语篇是在情景语境的制约下通过意义的选择生成的,张德禄等(2015:71)认为,"文体效果是情景语境中的前景化",即突出的语言形式只有与情景语境通过功能建立起相关性才能实现前景化,具有文体效果。

　　所有的文体分析归根到底都是对文体效果的分析和解释(ibid:67)。与形式文体学流派所坚持的文体效果即偏离的观点不同,韩礼德功能文体学派强调前景化概念,即有动因的突出才能产生特定的文体效果,这里的突出特征既包括失协(incongruity)——质的偏离,也包括失衡(deflection)——量的突出。前景化是相对于语篇的整体语境和意义而言的,韩礼德(Halliday,1973:112)认为"除非突出对作者的整体意义有贡献,它就似乎缺乏动因,一个突出的特征只有与语篇的整体意义相关时才能前景化",即是说只有它们的功能与情景语境建立起相关性,成为有动因的突出时,才能实现前景化。在此基础上,张德禄等(2015:66)认为,性质的突出(失协)和数量的突出(失衡)是两种重要的突出形式,没有必要厚此薄彼。

　　因此,我们在分析语篇的功能文体特征时,采用张德禄等(2015:69)提出的自下而上的分析程序并兼顾文体研究的分析——解释——评价三个步骤,首先基于元功能模式分析语篇在词汇语法层和字系层的突出特征,包括失协和失衡,然后上升到情景语境层面阐释这些突出特征在语境中的功能以确立有动因的突出并进行语篇间的功能文体历时比较,最后从文化语境的层面分别对语篇的功能文体特征在实现不同时代的传播价值时所发挥的作用进行评价,如图3-1所示。

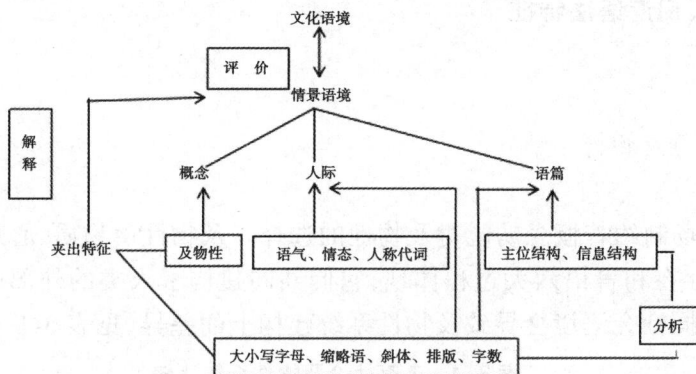

图 3-1 社论功能文体分析框架

第三节 《人民日报》元旦社论功能文体历时比较

新闻评论是在传播媒体中发表的评论性文章的总称,是一种公共话语,"它是一种特殊的功能文体,它所肩负的社会功能是通过评论本身所持有的态度,立场和观点来影响、劝服潜在读者和作者达成一致的认识,进而采取行动,即评价和劝说"(柳淑芬,2013:83),它们有着鲜明的文体特色。在我国,社论是新闻评论的一种特殊存在形式。《人民日报》作为我们国家的机关报,是党和政府政治传播的重要载体(张意轩,2015:79),是最具权威、最有影响力的全国性报纸,其中元旦社论每年定期发布,能够折射社会变迁和社会关系的变化。囿于篇幅,本文仅选取了7篇元旦社论,分别代表了新中国成立初期(E1,1950)、三年困难时期(E2,1960)、十年特殊时期(E3,1970)、改革开放初期(E4,1980)、发展时期(E5,1990)、新世纪初期(E6,2000)和高速发展时期(E7,2010)这7个我国社会发展所经历的重要阶段,主要探讨发生于词汇语法层面和字系层面的功能文体特征变化。研究文体就要关注其中的词汇语法,Hasan(1989:194)曾指出,"文体不能独立于语法而存在;文体上的差异恰恰产生于精密语法"。

一、词汇语法特征

（一）及物性

语场制约着概念功能对及物性的选择。及物性由物质、心理、关系、行为、存在和言语六大过程体现，它们共同建构了人类的外部或内部经验。不同社会语境会导致及物性系统建构上的差异，见表 3-1。

表 3-1　7 篇社论及物件系统比较

社论编码	过程总数	物质		心理		关系		行为		存在		言语	
		个数	比例（％）	个数	比例（％）	个数	比例（％）	个数	比例（％）	个数	比例（％）	个数	比例（％）
E1	211	148	70.1	9	4.3	44	20.9	0	0	0	0	10	4.7
E2	130	55	42.3	10	7.7	58	44.6	0	0	0	0	7	5.4
E3	179	111	62.0	15	8.4	44	24.6	1	0.6	0	0	8	4.5
E4	236	144	61.1	18	7.6	67	28.4	0	0	0	0	7	3.0
E5	165	96	58.2	13	7.9	50	30.3	0	0	1	0.6	5	3.0
E6	146	87	59.6	24	16.4	61	21.2	0	0	0	0	4	2.7
E7	98	91	62.2	10	10.2	26	26.5	0	0	0	0	1	1.0

经统计，在上述 7 篇元旦社论的独立级阶小句（不考虑级转移小句）中，物质过程、心理过程和关系过程作为三个主要过程，在每篇社论中的占比都超过了 90%（分别为 95.3%，94.6%，95.0%，97.0%，96.4%，97.2%，98.9%），这与人们在社会语境下的各种经历相适应，是作为实例化的语篇从语言系统中进行选择的结果。这种量的突出是有其动因的，是与社论发生的情景语境相适应的。根据 Hasan（1996：53）的体裁结构潜势（GSP）理论，我们发现社论语篇结构中存在两个必选成分，可标记为回顾过去、展望未来。首先对过去一年的事件和行为进行回顾、总结，其次对来年的规划和方针政策进行展望。社论作为党的方针政策的代言人，要集中反映并传播党在当前时期对重大政治、经济、文化等事件的态度和立场，以及对时局的敏锐洞察力，必然需要物质、心理和关系过程进行语境重置。因此，它们在社论中的大量使用与构建语篇的整体意义相关，从而构成了社论语言的显著文体特征，其中物质过程聚焦动作／行为的发生，动作性较强（辛斌，2005），强调动作者和目标，具有

较强的宣传性和鼓动性;心理过程刻画内心世界,关系过程突出评价与判断,这两者均与思维活动密切相关。Halliday(1971)曾指出,物质过程可体现参与者的积极性与主动性,而心理过程和关系过程会削弱主动性,常用于构建被动性,因此在本研究中我们将考虑每个社论中心理和关系过程的总体表现,并与对应的物质过程相比较。

有趣的是,我们发现过去60年间元旦社论的文体特征在逐渐发生变化。物质过程占比(70.1%,42.3%,62.0%,61.1%,58.2%,59.6%,62.2%)呈现先降后升并逐步趋于稳定趋势;心理和关系过程占比之和(25.2%,52.3%,33.0%,36.0%,38.2%,37.6%,36.7%)表现为先升后降并趋于稳定。物质过程在20世纪50年代的社论中占比最高,心理与关系过程占比之和最低,反映了建国初期以对民众斗志的大力提倡与鼓舞为主(如肃清/加快/解放),以对内心活动(如情感、感知、认知、评判等)的建构为辅,属于典型的战争/建设话语;到了20世纪60年代则明显下降,体现了困难时期更强调对国内外严峻形势的思考与判断(如展望/是/不是),而非继续激励民众的干劲儿,因而心理与关系过程占比上涨明显;到了20世纪70年代,物质过程占比开始迅速上升,心理与关系过程占比之和迅速下降,反映了该特殊时期对民众热情与干劲儿的重新鼓舞,更需要构建主动性,体现了鲜明的革命话语特色;进入20世纪80年代以后,物质过程占比基本处于相对稳定状态,变化不大,心理与关系过程占比之和亦是如此,略有上升但此后相对稳定,充分体现了党和政府在新时期宣传大政方针时也能同时兼顾对国内外局势的评判与思考,高瞻远瞩,更能合理引导民众。

从总体来看,三大过程所占比例呈上升势头。从新中国成立初期的完成胜利、巩固胜利的喜悦,20世纪六七十年代的摸着石头过河的困惑,20世纪80年代改革开放春风的沐浴,到20世纪90年代直至新世纪的经济繁荣,国力强盛,我们国家在认识上经历了由感性到理性过程质的飞跃。对待社会发展中的新现象、新问题,不再去盲从他人,而是逐渐学会明察秋毫,渐趋理智;由当初大刀阔斧、轰轰烈烈地建设社会主义社会到新世纪的冷静思考,关注可持续发展,这一切的社会变迁投射到社论语篇中,使得三大过程呈现上述变化,达到了引导社会舆论的目的。与此相反,言语过程数量则呈现明显的递减趋势。尽管与三大主要过程相比,社论中的言语过程数量偏少,似乎不足以构成文体特征,但它们的出现符合哈桑(Hasan,1989:96)提出的前景化标准(即违背相关背景而凸显），具有隐喻的意义，因而也具有一定的文体特征，这仍然与不同历史时期的社会情景相适应。20世纪70年代之前属于唯"领袖论"是从时期，为增强说服力和权威性，社论中惯于多处直接引用领袖人物的观点；20世纪80年代党和人民扭转乾坤，粉碎"四人帮"，全国上下欢欣鼓舞，人们开始反思历史，吸取教训，社论语篇中出现"总结""提出"等间接言语投射，且主语均为"我们"，未出现直接引语；从20世纪90年代起，社论中言语过程的数量明显下降，以只出现被投射小句的自由直接引语为主，偶尔也会存在直接引语，如"江泽民指出"/"邓小平指出"，但每篇评论中仅出现一两处。毋庸讳言，言语过程数量的变化是我们国家时代变迁的结果，体现了情景语境中的前景化特色。

（二）语气和情态

1. 语气

语气作为实现人际意义的重要手段，为人际功能提供互动意义潜势（郑元会，2008：80）。语气主要由主语＋限定成分体现。根据交流物的不同，Halliday & Matthiessen（2014：185）区分了直陈（indicative）和祈使（imperative）两类语气类型，其中前者可再分为陈述和疑问。

从小句语气类型看（表3-2），7篇社论中出现了陈述句和祈使句的大量使用，且均为语气与言语功能使用的一致式（congruity），即陈述语气——提供信息，祈使语气——求取商品和服务，量的突出也与社论语篇的整体意义建构相关。语气结构的使用受制于元旦社论发生的情景语境。从语旨看，交际双方一方是代表党和政府立场的权威机构，另一方是作为受众的广大人民群众。权威机构作为信息的主要来源，有向其下属及大众提供信息的义务和责任，同时它们又有权力向大众提出要求，所以必然要借助陈述语气和祈使语气来建构人际功能。我们发现，陈述句的使用频率经历了先升后降到再升随后渐趋稳定的过程，同时祈使句的使用频率相应地呈现先降后升再降然后逐渐稳定的趋势。这与20世纪60年来的社会语境变化是分不开的：20世纪50年代的社论以发动群众，号召军民团结一致争取解放全中国为主要目标，与其余语篇相比,祈使句使用较多,陈述句使用较少,体现了该时期对行政命令依赖性较强,建构了交际双方较远的社会距离较远以及不平等的社会地位;在 20 世纪 60 年代,说话者主要总结新中国成立以来的成就以及分析当前困难,必然需要提供大量信息,因此陈述句使用突然上升,而祈使句相应下降;进入 20 世纪 70 年代,由于革命话语的特色,说话者惯于使用大量的口号标语(如团结/坚持)来发动群众,因此陈述句的使用下降较快,祈使句突然上升;20 世纪 80 年代以后,"拨乱反正"已见成效,我国进入改革开放新时期。说话者在告知和宣传时更加注重信息的提供,以摆事实,讲道理为主,并进一步弱化命令式语气的使用,因此陈述句使用呈上升态势,祈使句使用则下降,表明了说话者在主动建构和谐的交际关系方面所作的努力。总之,随着社会发展、人类不断进步以及文明程度的提高,我们提出了科学发展观以及建设和谐社会的要求,不再单纯依靠行政命令去发动群众,而是越来越关注以人为本的科学发展观,在传播党的方针政策时更加注意动之以情,晓之以理,更加团结群众,这一切投射出了社会发展中语旨(交际双方地位)的不断变化。

表 3-2　小句语气类型比较

社论编码	小句总数(个)	陈述句(个/%)	疑问句(个/%)	祈使句(个/%)
E1	192	114/59.4	1/0.5	77/40.1
E2	118	104/88.1	3/2.5	11/9.3
E3	171	94/55.0	0/0	77/45.0
E4	219	130/59.4	0/0	89/40.6
E5	155	108/69.7	0/0	47/30.3
E6	130	88/67.7	0/0	42/32.3
E7	83	56/67.5	0/0	27/32.5

2. 情态

系统功能语言学认为,情态是介于肯定和否定两极之间的一个连续统(cline)。Eggins(1994:179)指出,情态(modality)表明"语言使用者可以用各种方式来干预信息,表达各种态度以及判断",包括情态词和意态词,其中情态词涉及可能性和通常性,而意态词包括义务和意愿。情态还是"关于明确评论的语法"(Simpson,2004:123),体现语言在建构社会现实时的各种不确定性,因而在评论类语篇中得到广泛应用。Halliday(2004:362)基于主语对所表达命题/提议的有效性进行赋值,把情态分为高值、中值和低值三类。正确的舆论导向的确立既需要及时准确地表明党和政府的立场和态度,又要运用一定的情态成分与受众协商,以实现社论语篇中的人际功能,情态成分的使用属于社论语篇的突出特征。我们对上述语篇中情态成分以及其中"必须"的使用频率分别进行了统计。情态成分的使用经历了先降后升再降的变化(见表3-3):从20世纪50年代到20世纪70年代,情态成分使用呈逐渐下降趋势,协商性偏弱,权威性渐强,体现了当时说话者倾向于建构一个拥有较高可信度和权威性的形象,以有效地带领民众克服新中国成立以来的困难;到了20世纪80年代,情态成分使用开始上升(如将/要/能/必须),有较强的协商性,体现了说话者对改革开放初期我国面临的挑战和机遇的各种建构;此后,情态成分使用一直处于下降趋势,协商性减弱,权威性渐强,反映了20世纪90年代以来在经济、社会飞速发展过程中,我们对时局的判断更加准确,底气更足,构建了一个更加务实和高效的政府形象。

此外,我们着重分析了情态成分中"必须"的使用。汉语里,"必须"常表示意态,即义务或意愿,属于高值意态词,能"体现较高的责任感和义务以及期望程度"(魏本力,2005:57)。研究发现,高值意态词"必须"在情态成分中的出现频率呈现先降后升到再降再升的趋势(见表3-4):从20世纪50年代到20世纪70年代,"必须"的使用频率逐渐下降,表明在改革开放之前我们党和政府基本是在不断尝试、摸索中建设社会主义,不断会遇到艰难险阻的挑战,因而在宣传方针政策时会有所保留,形成中低值意态词使用频率上升,高值意态词频率下降的状况;在20世纪80年代,其使用频率显著增加,建构了较强的责任感/义务感,随着十一届三中全会的召开,国家开始推行改革开放并为社会主义建设规划了宏伟蓝图,为更好体现党和政府在新时期实施大政方针的坚定信念和勇于担当的风范,高值意态词"必须"使用频率就会上升;20世纪90年代,"必须"的使用频率开始缓慢下降,建构了党和政府的谨言慎行。我们虽然取得了社会主义建设的巨大成就,但前进道路上仍然面临诸多困难,尤其受东欧剧变、苏联解体影响,在制定和宣传政策时要把各种困难因素考虑在内,韬光养晦。此后,"必须"的使用频率开始逐步上升,并在2010年达到高峰,建构了不断增强的责任感和担当风范。经济社会的飞快发展和迅速融入全球化进程不断证明党中央英明决策的重要性,突显党和政府有足够信心和能力领导全国各人民迈出中华民族伟大复兴的新步伐,以及全面建成小康社会的坚定信念和顽强魄力。

表 3-3　情态成分比较

社论编码	总句数(个)	情态成分(个/%)
E1	192	39/20.3
E2	118	32/18.6
E3	171	31/18.1
E4	218	53/24.3
E5	155	37/23.9
E6	130	27/20.8
E7	83	6/7.2

表 3-4　高值意态词"必须"频率统计

社论编码	总句数(个)	情态成分(个/%)
E1	39	4/10.3
E2	22	2/9.1
E3	31	1/3.2
E4	53	9/17.0
E5	37	5/13.5
E6	27	4/14.8
E7	6	3/50

3. 主位结构

主位结构体现了语篇组织功能,由主位和述位两部分构成。Martin & Rose(2007:198)发展了 Halliday 的功能语言学理论,从语篇语义层面上提出了宏观主位(macro-theme)和超级主位(hyper-theme)之分。小句主位之上是超级主位即段落主题句,超级主位之上则是宏观主位如标题、前言等,宏观主位可以预测超级主位,超级主位可以预测小句主位,由此推动语篇建构。7 篇社论中的宏观主位分别都是第一自然段,统辖全文。为方便研究,我们只考察宏观主位中各小句的相互依赖和逻辑语义关系,以发现六十年间是否发生了语篇组织上的变化,其中数字(1,2,3)表示并列联合关系,字母(α 和 β)表示从属关系,符号(=,+,×)分别对应详述,延伸和增强的语义关系:

E1:1+2α(1+2)+2×β+3(1+2)

E2:×β1(1+2)×β=2α(1+2)

E3:×βα

E4:×β(1=2)α×β(1+2+3)α

E5:×β(×βα)α×β(1+2)α(1+2)

E6:×β(×βα)α×βα(1+2+3)

E7:×β(×βα)×β(1+2)αα(1=2)

在小句逻辑结构问题上,Hasan(1989:32)认为,"并列是一种较简单的关系,而从属或级转移往往呈现出更大的复杂性"。通过分析可以发现,社论小句的相互依赖关系由最初的并列联合为主(如 E1、E2)发展到从属关系(E3)以及后来从属关系的逐渐增强和级转移小句的增加(如 E3、E4、E5、E6、E7),逻辑语义关系也相应地由详述(=)、延伸(+)为主逐渐发展到以增强(×)和延伸(+)为特色,大致经历了由简单到复杂的变化。20世纪80年代以前的社论既要做到全方位提供信息,又要保障信息的传达准确有效,因此简洁易懂、清晰明了为其主要诉求(张意轩,2015:80),多会采用并列关系,这与当时信息传递的渠道和媒介单一有直接关系。20世纪90年代,随着科技的进步,信息传播的手段丰富起来,加上人们受教育程度的提高和观念的转变,社论开始强调雅正,对文字的修饰逐渐得到重视(张意轩,2015:81),因此小句之间的关系趋于复杂多变也就成为必然趋势。当然这一切变化都要以可读性为基础。

二、字系特征

系统功能学派认为,情景语境构型体现为语义选择,语义选择体现为词汇语法,进而体现为对字系音系系统的选择。其中字系特征主要体现为字数、写法、标点符号以及排版模式等,它们也在语篇文体建构中发挥重要作用,毕竟"没有不存在文体的语言区域"(Halliday,1973:112)。

（一）字数

字数作为语篇的一个重要字系特征，体现一定的文体特色。字数的选择与当时的情景语境有很大关联，见表3-5。

表3-5 总字数与句均字数

	E1	E2	E3	E4	E5	E6	E7
总字数（个）	3848	3198	3812	3658	2804	2380	1570
小句数（个）	192	118	171	219	155	130	83
句均字数（个）	20	27	22	17	18	18	19

如表3-5所示，社论中的总字数呈递减趋势，尤其从90年代（E5）开始表现最为明显，其次每个小句的平均字数也在逐渐减少，从80年代开始均低于20字。这与传播媒介的发展息息相关。大众传媒的不断发展，使公共话语的主体在数量和种类上都有了极大的增加（施旭，2010：135），从最初的报纸、收音机，发展到后来的电视机、电影、互联网等，大大改变了人们交流传播信息的方式，人们的观念也随之改变。首先，受众在多媒体时代可以通过各种途径来获得海量信息，无论视频、音频还是文字，尤其随着快餐文化的流行，长篇累牍式的社论费时低效，很难为读者所接受。其次，就产出的角度而言，语言应该更加精炼，正如表五所示的逐步减少的句均字数，社论也没有必要像20世纪80年代以前那样，毕竟我们生活在多媒体时代，可以随时随地获取信息；同时，字数的减少还受产出成本影响，为控制成本就要节约版面。总之，无论从社论产出还是接受的角度而言，社论字数的减少作为一种"社会认同实践（socially recognizable practice）"（Hasan，2009：178），属于有动因的突出，势在必行，折射了60年来传播媒介的变化。

（二）双引号的使用

《中华人民共和国国家标准标点符号用法》明确指出引号的用法有四种：（1）表示行文中直接引用的话；（2）表示需要着重论述的对象；（3）表示具有特殊含义的词语；（4）引号里面还要用引号时，外面一层用双引号，里面一层用单引号。不考虑直接引用，我们统计了7篇社论中双引号的使用次数：其中E1（0次）、E2（10次）、E3（11次）、E4

（3次）、E5（5次）、E6（4次）、E7（4次）。社论中的这些双引号要么表示（2），要么表示（3），没有发现（4）。不难发现，双引号的使用经历了由无到有，在6篇社论中都得到了不同程度的应用（E1除外）。相比其他常见标点符号如句号、逗号等，它们的出现可看成质的偏离，实际上这种偏离也由其情景语境所致，也参与社论整体意义的建构，都简单明确地概括了那个年代当前和今后面临的主要问题，具有显著的时代特色。要传播大政方针，以正确的舆论引导民众，就要努力吸引受众注意力，因此可适时地对重点要点进行前景化处理，表示强调、讽刺或否定等特殊含义，除了使用词汇语法结构，双引号等标点符号的应用也扮演着重要角色。在E1中，由于刚刚完成建国大业，还未解放全部国土，当前的主要任务就是完成胜利，巩固胜利，如标题所言，国家还未转入生产建设的轨道，许多政策根本来不及制定，更无法预测发展中遭遇的一系列问题，所以未出现表示着重论述或特殊意义的双引号，这种未出现属于"强制性（imperative）而非选择性（choice）"（Urbach，2013：307），但在共时研究中却一般不会受到关注。随着社会的不断发展，新的问题会涌现，新的方针政策会陆续颁布实施，双引号的使用也就成为必然，从而使语言符号的意义潜势不断得到扩展。

第四节　中国话语文化性阐释

话语是指在特定的社会、文化、历史环境下，人们运用语言进行交际的事件或这样一类现象（施旭，2010：3），因此研究话语必然离不开对特定的历史和文化因素的探讨。在中国话语研究问题上，施旭（2013：52-53）指出，话语具有特殊的文化属性，当代中国话语通过对传统的反思而变化发展。话语不是一成不变的，作为中国政治话语的《人民日报》元旦社论，其话语主体在不同文化／社会语境下体现为不同的社会建构策略，因而功能文体特征呈现有规律地逐渐变化的趋势，正确解读这种规律性更离不开中华话语的文化性。正确认识当代中国话语的规律性，就要充分挖掘中国的文化语境，从中国自身的角度来认识其主体思想和言说行为,厘清中华文化圈的心理、伦理、信仰、社会生活条件等文化特性,因为中国人做人、说话、办事有自己的传统、习惯、准则、计策和具体的社会环境等(施旭,2008:136-138)。通过我们的研究,可以发现如下文化原则和策略影响公共话语和话语主体:

一、平衡和谐

中华传统文化是"礼"为最高的伦理标准,这就将社会性、道德性确立为中华文化及其话语的根本属性(Chen,2001;姚亚平,1996)。因而,基于当代中国特色社会主义制度的现实状况和关于近代西方列强凌辱中国的历史记忆,当代中国话语以"平衡和谐"为最高话语原则,主要表现为对社会或人际关系的平衡和谐的遵守或追求,更加反映在对于他人、社会的关照上,具有更深厚的社会性、道德性和利他性(施旭,2013:54)。在本研究中,三大过程在历年元旦社论中的变化趋势(表3-1)基本呈现了元旦社论话语语境"由战斗话语、革命话语向建设话语,由政治话语向经济和人文话语、民生话语的演变"(张意轩,2015:80)以及话语主体不断调整建构策略以正确做好舆论导向,这恰恰反映了我们在通过意义识解经验的过程中,在意识到主体性的同时也更加重视人际互动和多元和谐——对他人和社会的思考与观照:由20世纪50年代的"完成胜利/巩固胜利",20世纪60年代/20世纪70年代的'大跃进/无产阶级专政',到20世纪80年代的"实现四个现代化",20世纪90年代的"两手抓"一直到新世纪的"科学发展观与生态文明建设",充满人文关切色彩的词语不断涌现和重复,不再片面追求经济发展的高速度,而是注重以人为本,倡导人与自然和谐发展,天人合一的理念得到加强,也充分体现了话语在社会发展过程中可以决定发展方向的重要作用(施旭,2010:80),进而体现说话者为拉近交际双方的心理距离和追求人际关系的和谐平等方面所做的不断努力。

二、面子呵护

与西方话语的"面子"有很大不同,中国文化中的"面子"是一种重要社会价值(而非社会规范),在话语上表现为既维护、提升自己的价值,也同样地对待他人的价值(施旭,2013:55)。从语气的分析中可以看出,陈述句的使用频率经历了先升后降再升随后渐趋稳定的过程,同时祈使句的使用频率相应地呈现先降后升再降然后逐渐稳定的趋势(表3-2),表明说话者根据不同社会语境不断调整话语策略,并逐步减少强制命令式的说教以尊重受众;从字系特征来看,无论是社论字数的逐年减少,还是双引号从无到有的变化,说明报道者正在降低受众认知负担。二者实际上都体现了话语主体对听读者面子的尊重与维护。此外,情态成分和高值意态词"必须"在历年语篇中的应用状况(表3-3和表3-4)表明我们国家对国内外局势的判断更加准确,立场更加坚定,责任感、使命感愈发强烈,体现了对国家积极面子的维护,因此传播效果也得到加强。

三、辩证思维

中国人的整体、动态宇宙观决定了其具有辩证的思维方式,在当代话语中,这种思维方式常常有这样的表现形式:注重整 / 总体性、整体与部分的关系,顾及事物的多元性以及内部多元因素之间的关系(或者说复杂性)等(施旭,2013:55)。根据我们的研究,社论中宏观主位的组织方式渐趋复杂化,由并列联合到从属依赖,由详述延伸发展到以增强为主(主要体现为时间状语从句),再加上级转移(rank-shifted)小句的高频次使用,体现了话语主体识解经验的变化过程。此外,每篇元旦社论话语中多次出现辩证话语,如"中国正在迅速地进步着"(1950),"过去的十年……而新的十年展现着无限的光明和希望"(1960),"革命在发展,人民在前进……曙光就在前头"(1970),"20世纪80年代是光明的,充满希望的,也是严峻的,充满考验的"(1980),"在努力发展物质文明的同时,切实抓好精神文明建设"(1990),"承前启后,继往开来"(2000),"坚定必胜信心,增强忧患意识"(2010)等。这一切显示了辩证思维在我国话语中的广泛使用,彰显了党和政府在辩证的思维方式下不断创造新思想与新话语的过程,同时也说明了中华文化话语不断朝着更加丰富、智慧的方向发展的总体趋势(施旭,2008:137)。

【小结】

在功能文体学中的情景语境前景化基础上,本章依据自下而上的分析程序对 1950 至 2010 年间的 7 篇《人民日报》元旦社论进行了功能文体历时研究,我们发现了一些共时研究中所忽略的现象。首先,在词汇语法方面,物质过程占比呈现先降后升并逐步趋于稳定趋势;心理和关系过程占比之和表现为先升后降并趋于稳定;陈述句的使用频率经历了先升后降再升随后渐趋稳定的过程,同时祈使句的使用频率相应地呈现先降后升再降然后逐渐稳定的趋势;情态成分的使用经历了先降后升再降的变化,高值意态词"必须"在情态成分中的出现频率呈现先降后升到再降再升的趋势;社论小句的相互依赖关系及逻辑语义关系都经历了由简单到复杂的变化。其次,从字系特征来看,社论中的总字数呈递减趋势;双引号的使用经历了由无到有的变化。无论哪个层次的变化都离不开同期社会语境的制约。最后,我们结合中国话语文化性的平衡和谐、面子呵护以及辩证思维三个维度重新审视了上述历时文体演变,较全面系统地认清了话语主体通过不断与历史传统和其他文化群体之间的互动建构社会现实。在中国话语研究中,只有坚持以文化转向为目标,才能准确地理解中国并指导东西方文化间的平等对话,以促成中国话语研究既有广度又有深度的创新(施旭,2008:136-139)。由于我们的研究仅局限于 7 篇社论,所得数据和结论还有待于以后使用大规模语料库研究方法来进一步检验,在研究的广度和深度方面也存在一定的不足之处。但我们相信,在本土化话语研究中,更多地融入中国话语文化性理论,促进中西交叉合作,对建构当代中国话语研究范式大有裨益。

第四章

英国主流报刊社论功能文体历时研究 [1]

第一节 引 言

文体被视为"语篇中策略性地配置和使用来自语言系统网络中的意义选择"(Thibault,1988:229),因此文体体现意义分布。文体学有诸多流派,其中功能文体学是系统功能文体学的简称,它以系统功能语言学为理论框架,强调文体分析的功能取向,是语言学和文学之间的界面研究,注重意义的生成过程。作为始于 20 世纪 60 年代发展于 20 世纪 70 年代的一个文体学流派,功能文体学的奠基之作是韩礼德(Halliday)(1971)的论文"语言功能和文学文体:对威廉戈尔丁小说《继承者》的语言分析"。随着系统功能语言学的不断发展,功能文体学研究对象也在逐步拓宽,已从早期的文学领域扩展到非文学领域甚至科技语篇。申丹(2002:190)和 Butt& Lukin(2009:192)都认为在文体研究领域,文学和非文学之间的界限已经消失,像新闻这样的功能或者实用文体

① 本章主要内容已刊发于《话语研究论丛》2022 年第 2 期

也进入了功能文体学的研究视野中。然而,就新闻语体而言,国内外对新闻评论的研究普遍还比较薄弱(丁法章,1985/1997:113;van Dijk,2013:255)。从目前的研究方法来看,共时研究是主流,历时研究虽已进入学界视野(郝兴刚、李怀娟,2020),但其受重视程度还不够。伯奇(Birch)(1988:168)指出"偏重共时而忽略历时就会减少读者的意义潜势选择",会影响对语篇的充分解读。刘世生、宋成方(2010:18)也认为,历时文体学是文体学研究的一个重要方面,功能文体历时研究应该尽早展开。

因此,本文拟对英国《卫报》中的涉华社论进行功能文体历时研究,重点关注实现语言经验功能的及物性系统在不同历史时期的突出特征。旨在解决以下三个问题:不同时期的涉华社论在及物性系统选择上体现了怎样的变化趋势?这些趋势反映了哪些意义模式?这些意义模式如何与情景语境以及文化语境相联系?本研究可为功能文体历时分析提供参考,弥补共时研究的不足,对我国国家形象研究也有一定启示。

第二节　功能文体历时研究分析框架

系统功能语言学认为语言是一个由多层级的系统网络构成的意义潜势,主张选择就是意义,形式体现功能。人们既可以通过语篇预测语境,也可以通过语境预测语篇,二者是密不可分的。乌尔巴赫(Urbach)(2013:317)明确指出"重视语境以及学会把语境整合到语言理论中去,这对那些欲充分有效解读社会生活中语言的语言学家来讲至关重要"。语境包括文化语境和情境语境,情景语境是文化语境的一个实例,包括三个变项:语场,指发生了什么事,包括题材;语旨,指谁和谁进行交际活动,他们之间是什么关系;语式,指语言在语境中的作用,包括修辞方式、传播媒介(口语/书面语)和渠道等(Halliday & Matthiessen,2014:33-34)。它们分别制约了对概念、人际和语篇意义的选择,语义又制约了对词汇语法以及字系或音系的选择,从而生成各种语篇。语篇中的概念功能,包括经验功能和逻辑功能,其中经验功能主要由及物性体现,包括物质、心理、关系、行为、言语和存在六大过程;人际功能由语气、情态和人称代词等体现;语篇功能由主位结构、信息结构和衔接等体现。

所有的文体分析归根到底都是对文体效果的分析和解释(张德禄等,2015:67)。与形式文体学流派所坚持的文体效果即偏离的观点不同,韩礼德功能文体学派强调突出特征的前景化,即有动因的突出特征才能产生特定的文体效果,这里的突出特征既包括失协(incongruity)——质的突出即语言的使用明显有悖常规(norm),也包括失衡(deflection)——量的突出即某些语言现象以超乎常规的形式高频次呈现。在功能文体学研究中,常规(norm)是一个相对的概念,韩礼德(1973:114)指出任何语言中没有一组能在所有情况下都可以提供参照的可预料形式,张德禄等(2015:58)也认为,语言中不存在一个放之四海而皆准的常规。判断常规所参照的范围可以是不同的,狭义上的常规,可能只局限于对某个作家或某个语类/体裁的语言特征探讨;广义上的常规,则意味着要对所有作家或所有语类的语言特征展开研究。前景化是相对语篇的整体语境和意义而言的。韩礼德(1973:112)认为,一个突出的特征只有与语篇的整体意义相关时才能前景化,即只有它们的功能与情境语境建立起相关性,成为有动因的突出时,才能实现前景化。

一般而言,在分析语篇的功能文体特征时,宜采用自下而上的分析程序,按照"分析——解释——评价"三个文体分析步骤进行(张德禄等,2015:69)。因此要对涉华社论进行功能文体历时研究,首先是分析阶段:基于概念元功能模式确立个体语篇在及物性系统上的突出特征,如失协或失衡;其次是解释阶段:基于语篇意义特征,主要从制约概念意义选择的情景语境变量——语场角度来阐释哪些突出特征得以前景化,并重点探讨这些前景化特征在不同历史时期的变化趋势;最后是评价阶段:文体研究最终要由情景语境层面上升至更高层次的意义潜势系统——文化语境层面来进一步剖析这些变化趋势与文化传统以及意识形态等的关联,也就是说,要从作者/说话者所处的文化语境角度对语篇的文体价值和社会效应进行评估,充分了解语篇建构背后更深层次的动因(见图4-1)。

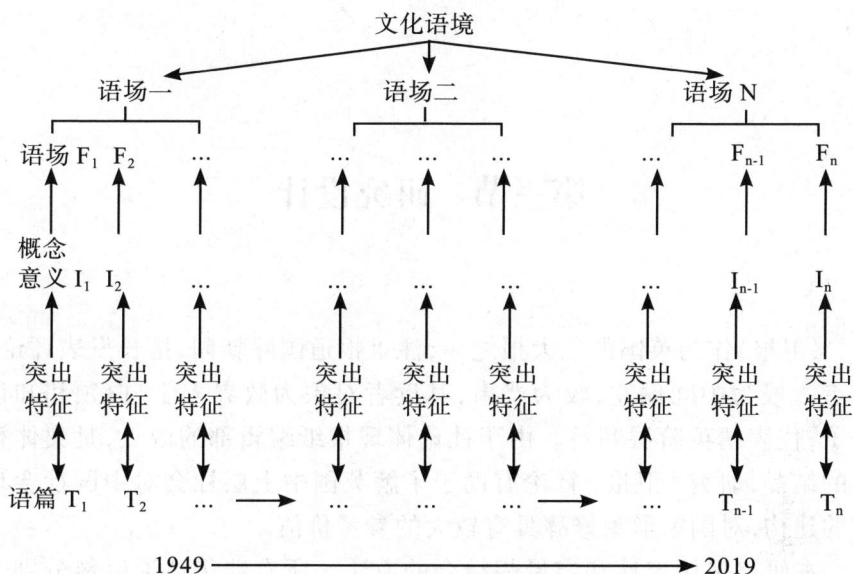

文化语境

语场一　　　语场二　　　语场 N

语场 F_1 F_2 … … … … … F_{n-1} F_n

概念
意义 I_1 I_2 … … … … … I_{n-1} I_n

突出　突出　突出　　突出　突出　突出　　突出　突出　突出
特征　特征　特征　　特征　特征　特征　　特征　特征　特征

语篇 T_1 T_2 … → … … … … T_{n-1} T_n

1949 ————————————————→ 2019

图 4-1　功能文体历时研究分析框架

图 4-1 中,语场一、语场二、语场 N 表示不同历史时期情景语境变量中语场的主要特征,它们具有每个时期个体语篇的各个语场(语场 1,语场 2,语场 n)的共性。每个语篇在及物性系统选择上体现的突出特征会通过其概念功能达到与一定语场相关,从而参与语篇整体意义的构建。及物性过程选择往往反映了作者 / 说话者的价值取向,体现意识形态意义(魏榕,2022:321)。在分析及物系统时,我们主要聚焦相关过程的 China + V 结构,即只考察中国(涉及所有与中国有关的实体)被视为过程主要参与者(如施事者、感知者、被识别者 / 载体、行为者、说话者等)的语义配置,因为这些显性的语义特征更容易左右受众认知,且直接反映《卫报》对中国的立场和态度建构。语篇在及物系统选择上的突出特征变化会反映不同时期大语场的差异,体现特定时期不同交际目的和意图,蕴含丰富的意识形态特色,而这一切则受制于文化语境,需要从文化语境中才能得到阐释。

第三节　研究设计

　　《卫报》作为英国的三大报之一，注重报道国际新闻，擅长发表评论，观点一般为中间偏左，较为严肃，其读者对象为政界人士、白领和知识分子，代表精英阶层利益。由于社论体现报纸编辑部的观点，是集体智慧的结晶，研究《卫报》社论有助于了解英国中上层社会对中国社会现实的建构，对国家形象修辞具有较大的参考价值。

　　本研究采用定性和定量相结合的方法。所有涉华社论语料分别通过购买《卫报》历年数据库 Digital Newspaper Archive（截至 1999）和从《卫报》官方网站 https://www.theguardian.com/profile/editorial（2000-2019）免费下载获得。时间跨度为 70 年，即始于 1949 年 10 月 1 日中华人民共和国成立截止到 2019 年 10 月 1 日。由于每年涉华社论的数量不等，为保证社论语料与中国主题最相关，我们以关键词 China 在每个语篇中的出现频次为参照点，每年仅选取其出现频次最高的一篇，若遇频次相同者，考虑到历时研究需要，我们只选取刊发时间较晚的社论。具体而言，1949-1999 年间的所有涉华社论共计 151 篇（其中 1985 年未出现任何与中国有关的社论），我们将通过该报数据库的自动搜索功能，记录 China 作为关键词在当年所有社论中的出现频次。剩余的社论语料（2000-2019）的选取，共分两个步骤进行：首先，利用《卫报》社论资源网站，通过对标题或主体部分的仔细甄别确定社论是否与中国有关，共下载涉及中国的所有社论 101 篇；然后通过自建语料库，对上述社论按年份搜索关键词 China 以确定其出现频次，如表 1 所示。这样最终我们一共选取了 70 篇与中国主题最为相关的社论（1985 年除外），总计 45339 词，每篇约 648 词。

表 4-1 自建涉华社论语料库（2000-2019）

Collection of China-Related Editorials (2000-2019)

Welcome!
⊙ Enquiry
⊙ Adding

Year : 2000 ▼ Key Word: China   Search

2000Key Word : China

Search Results					
No.	Year	Headline	Content	Key Word	Frequency of Occurrence
1	2000	Rising in the east		China	11
2	2000	Chinese conundrum		China	8
3	2000	Rights and wrongs		China	3
4	2000	In praise of ... the new China		China	6
5	2000	The Guardian view on the US-China climate change deal: two cheers		China	2

表 4-2 及物性分析

Type of Study: Describe each file   Aspect of Interest: Feature Coding   Counting: Global   Help

Unit: transitivity + | Show

Feature	Texts/1949.tx		Texts/1950.tx		Texts/1951.tx		Texts/1952.tx		Texts/1953.tx		Texts/1954.tx		Texts/1955.tx		Texts/1956.tx		Te:
	N	Percent	N	Percent	N	Percent	N	Percent	N	Percent	N	Percent	N	Percent	N	Percent	N
Total Units	66		66		71		57		63		42		86		58		
PROCESS-TYPE	N=66		N=66		N=71		N=57		N=63		N=42		N=86		N=58		
- material_	28	42.42%	22	33.33%	31	43.66%	22	38.60%	14	22.22%	16	38.10%	33	38.37%	23	39.66%	
- mental_	10	15.15%	8	12.12%	13	18.31%	4	7.02%	4	6.35%	7	16.67%	8	9.30%	3	5.17%	
- relational_	21	31.82%	31	46.97%	22	30.99%	24	42.11%	34	53.97%	16	38.10%	40	46.51%	23	39.66%	
- behavioural_	1	1.52%	0	0.00%	0	0.00%	0	0.00%	0	0.00%	0	0.00%	1	1.16%	0	0.00%	
- verbal_	3	4.55%	2	3.03%	3	4.23%	7	12.28%	6	9.52%	0	0.00%	1	1.16%	3	5.17%	
- existential_	3	4.55%	3	4.55%	2	2.82%	0	0.00%	5	7.94%	3	7.14%	3	3.49%	6	10.34%	
TYPE_OF_DOING	N=66		N=66		N=71		N=57		N=63		N=42		N=86		N=58		
- transformative	23	34.85%	18	27.27%	28	39.44%	18	31.58%	11	17.46%	13	30.95%	30	34.88%	21	36.21%	
- creative	5	7.58%	4	6.06%	3	4.23%	4	7.02%	3	4.76%	3	7.14%	3	3.49%	2	3.45%	
IMPACT	N=66		N=66		N=71		N=57		N=63		N=42		N=86		N=58		
- intransitive	10	15.15%	8	12.12%	12	16.90%	4	7.02%	4	6.35%	3	7.14%	10	11.63%	5	8.62%	
- transitive	18	27.27%	14	21.21%	19	26.76%	18	31.58%	10	15.87%	13	30.95%	23	26.74%	18	31.03%	
ACTOR-TYPE1	N=66		N=66		N=71		N=57		N=63		N=42		N=86		N=58		
- china-related_actor	8	12.12%	4	6.06%	3	4.23%	3	5.26%	3	4.76%	3	7.14%	3	3.49%	4	6.90%	
- other_actor1	2	3.03%	4	6.06%	9	12.68%	1	1.75%	1	1.59%	0	0.00%	7	8.14%	1	1.72%	

第四节 研究结果与讨论

及物性实现语言的经验功能,是说话人对其现实世界和内心世界各种经历的表达和反映,具有本源性特征,涉及六种过程。通过分析可以发现四种过程在 70 篇涉华社论中的出现频率较高,按照其平均出现频率,依次为关系过程(约占 39.6%),物质过程(约占 33.4%),心理过程(约占 11.5%),以及言语过程(约占 7.5%),其中言语过程仅在 23 篇社论中的出现频率高于心理过程。毋庸讳言,关系过程、物质过程和心理过程构成涉华社论的主要过程。在系统功能语法中,关系过程构建现实、判断和定义,物质过程构建行动,心理过程构建认知、态度和情感(赵蕊华、黄国文,2021:48),即三者分别建构了中国是什么,中国做了什么以及中国关注什么的语义特征。它们在数量上比较突出,平均约占语篇所有过程总数的 84.5%。上述三大过程虽然也是构建大多数语篇的主要途径,其大量使用似乎应视为语言使用中的常规(norm),即广义上的常规,但从狭义的常规来看,在涉华社论语篇这个亚语类范围内,它们以大大高于其他三类过程的使用频次出现,如此高频次使用便构成了文体学研究中量的突出——失衡。张德禄等(2015:66-67)曾指出,文体分析中所统计出来的数字可以是语言突出特征的客观证明,虽然无法确定语言中的频率,但我们都对不同的语法或词汇模式十分敏感,它们是我们意义潜势(meaning potential)的一部分,而且读者对语篇意义的预测往往都以我们意识到的语言中固有的出现频率为基础。

那么,这种失衡是否受情景语境因素的驱使?是否与社论要建构的整体意义相关?根据系统功能语法理论,语篇的概念意义由情景语境中的语场支配和决定。韩礼德(Halliday)(1978:138-144)曾把语场分为第一层次语场(first-order field)和第二层次语场(second-order field),其中第一层次语场指正在发生的社会活动,而第二层次语场是在第一层次语场的基础上派生出来的,指完全由语言建构的社会活动。从第一层次语场来看,涉华社论均与中国发生的事件有关,如新中国成立,土改政策,中印边界冲突,重返联合国,香港回归,中国入世和环保问题等,尽管主题各不相同。评论一定和客观世界发生的事情有关,要向受众传达发生了什么,就需要首先使用大量物质过程(Doing)。除了投射客观现实以外,评论还有一个重要目的,即"对重要事件或问题进行阐释和评论,从而表明媒体的态度和立场,以感染和说服公众"(Rivers et al. 1980:87),要发表评论,必然离不开关系过程(Being)和心理过程(Sensing)的使用。因此,物质过程、关系过程以及心理过程的大量使用属于有动因的突出,形成社论语篇前景化特征。

那么,这些文体特征在历史发展过程中是否会一成不变?不同时期社会语境的差异,比如中国社会发展经历的三个重要时期:新中国成立后到改革开放前期,四个现代化建设时期,以及新世纪的和平崛起,是否影响说话人对中国的意义建构？如有变化,则体现了哪些意义模式？又有哪些语境因素会促成这些变化？

通过聚焦 China + V 结构,我们发现:在 70 年的历程中,涉华社论中的三大过程使用频率在不同时期均呈现不同程度的增加或降低趋势,如图 4-2 所示。在第一个时期(1949-1983)即新中国成立后至改革开放前期,关系过程频率上升,物质过程和心理过程频率下降;第二个时期(1983-1998)即四个现代化建设时期,三大过程均呈现下降趋势;第三个时期(1998-2017)即新世纪的和平崛起时期,物质过程和关系过程频率上升,心理过程频率下降。这些变化反映了《卫报》在不同时期对中国现实的建构差异,体现了不同的意义模式,与不同时期的情境因素和交际目的密切相关。

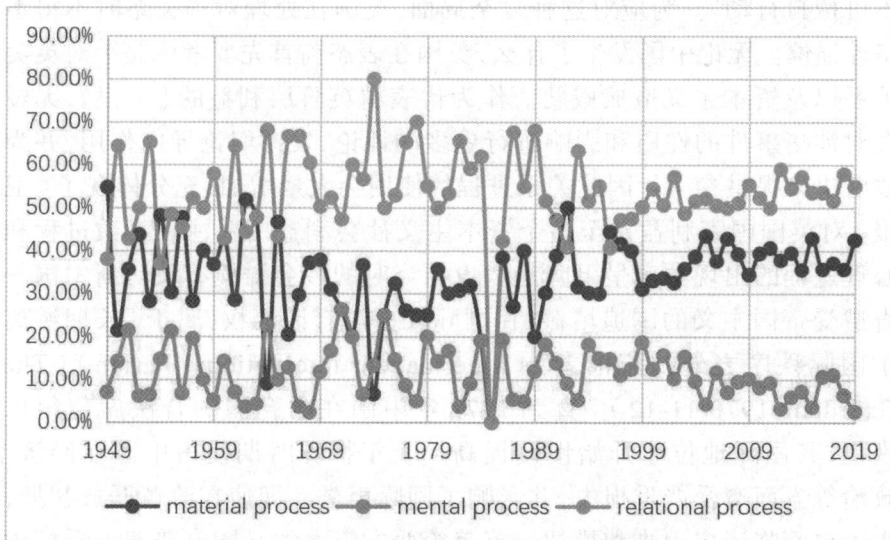

图 4-2　物质过程、关系过程和心理过程变化趋势

一、语场:重评判轻行动与情感

在中国社会发展的第一个时期中,涉华社论经历了关系过程缓慢上升,物质过程和心理过程缓慢下降的总趋势。这些不同趋势表明,相对客观现实和主观情感的建构,说话人更多倾向于对事物属性或性质的评判,因为关系过程能对人类种种经历进行归类(characterize)或识别

（identify）（Halliday，2014：259），而物质过程和心理过程分别侧重参与者的所为和所想。

　　二战结束后，形成英美为首的帝国主义和苏联为首的社会主义两大阵营对立局面。英国在内忧外患下，不得不依赖美国的政治、经济和军事援助，继续追随美国，以维持自己的大国地位，英美特殊关系得到加强。新中国的成立让世界一度感到震惊，英国基于巨大的在华经济利益，悬而未决的香港问题，以及离间中苏关系的战略考虑，于1950年成为第一个承认新中国的西方资本主义国家。与此同时，在整个冷战期间（1947-1991），英国一直视国家安全和英美之间的同盟义务为其外交政策的基石（王菊芳、余万里，2015），因而在制定对华政策时便不得不考虑美国的反应，正如《卫报》社论（1950-06-24）所言"不同美国商议绝不可擅自行动"。为应对这种复杂局面，英国在处理对华关系时不得不格外谨慎。无论中国发生了什么，英国在表态前首先要考虑是否对英美关系以及资本主义造成威胁。作为代表精英阶层利益的《卫报》，无疑会对涉华事件的性质和影响进行更多的评论，发挥舆论导向作用，并为政府决策提供参考。因此关系过程的使用会大量增加，充分体现了《卫报》对英国国家利益乃至整个资本主义社会利益的关注。物质过程和心理过程的出现频率呈下降趋势也与当时的社会语境有关。新中国一直遭受帝国主义的围追堵截，在国际社会没有话语权，属于"长期游离于国际秩序之外的流浪者"（a permanent international pariah）（The Guardian，1970-11-12）。直到1971年中国在联合国的合法席位得以恢复，其国际地位才开始慢慢提高。十年特殊时期使得中国在经济、政治等方面遭受严重损失，并影响了国际声誉。即使在改革开放初期，中国也面临诸多困难和挑战。英美等西方资本主义国家普遍不看好中国的发展，因此他们无意事件过程和参与者的主观感受，更看重事件的影响。

　　此外，我们还分别对关系和物质两大过程的次范畴进行了剖析。研究发现，在关系过程的两个次范畴中，归属类关系过程基本呈上升趋势（如图4.3所示），识别类关系过程则会相应下降。这表明《卫报》更关注对中国事件或人的属性描绘，而轻视对事物性质的考察和辨别。受当时西方社会盛行的"红祸论"影响，英国对坚持走社会主义道路的中国一直保持高度警惕，认为社会主义中国将来会和苏联一样有称霸世界的野心，迟早会对英美等帝国主义国家建立的国际秩序造成威胁，与西方社会格格不入。再者,英国于 1972 年才同意与中国建立正式外交关系,而此后直至 80 年代初中国国内政局不稳,政权更迭频繁,客观上阻碍了双方交流,导致英国对中国缺乏足够了解。因此,鉴于当时的国际形势,《卫报》倾向于从帝国主义的立场对中国事务进行贴标签式的解读,视社会主义中国为意识形态上的异己,对社会主义和共产主义存在严重偏见,从而持续阻挠打压中国,如:

（1）. It *is true* [[that the Communists carry on a blatant, pervasive, and boring propaganda]].（Jun.24, 1950）

（2）. It *is a remark*[[that the current leadership in Peking...would do well to ponder]].（Dec.31,1980）

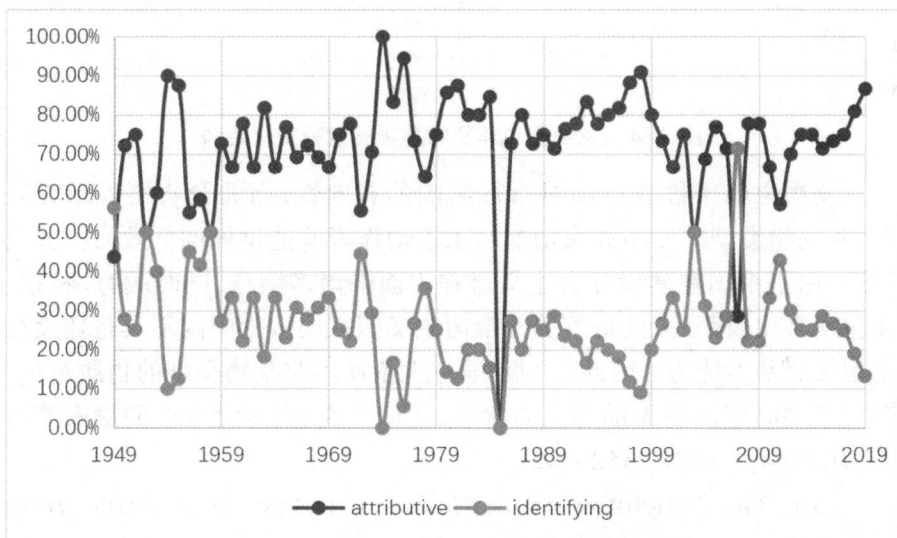

图 4-3　归属类与识别类关系过程变化趋势对比

物质过程从效力的角度可分为及物（transitive）和非及物（intransitive）两种。两者的主要区别在于目标成分的有无。Halliday & Matthiessen（2014：226）认为,目标（goal）成分指动作者在实施某个过程中直接受到影响或波及的其余参与者,即如果一个过程只有一个固有参与者（动作者）,那它就是非及物过程;如果同时具有一个固有参与者和另一个受其影响的参与者,则为及物过程。研究发现,该时期非及物类型呈上升趋势,及物类型相应下降,如图 4-4 所示（橙色为及物,蓝色为非及物）：

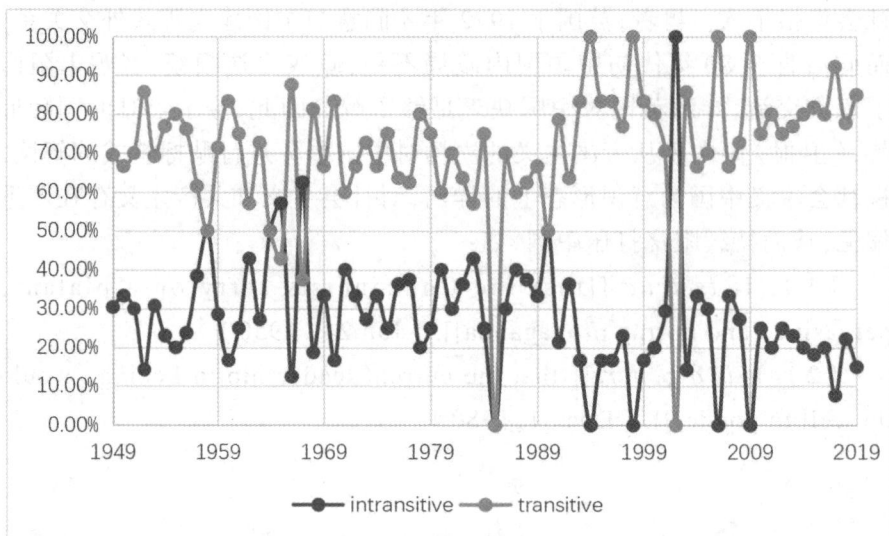

图 4-4　及物类和非及物类物质过程变化趋势

及物说明事件或行动对目标影响的有效性,而非及物则表示无效性,非及物类型的使用频次增加暗示了动作者改造世界的低效力。如上所述,由于中国在建设社会主义过程中面临诸多困难,同时教育、科技、文化水平比较落后,使得英美等帝国主义国家误认为中国不具备建设社会主义的基本能力。因此《卫报》通过大量使用非及物类型的物质过程,建构了当时中国的无助与无力状态,类似小说《继承者》中的尼安德特人(Halliday,1971:352),如:

(3). The difficulties of the Communists have necessarily *grown* with success,...(Nov. 5,1949)

(4). The policy,《closely associated with Mr Deng's Prime Minister,Mr Zhao Ziyang》,is *riding* a very narrow line.(Feb. 9, 1982)

二、语场:轻行动、评判与情感

在第二个时期,涉华社论中的三个主要过程均呈现逐步下降趋势。在这一时期,中英双方的焦点仍是香港问题。王为民(2006:331)曾指出,中英关系往往因香港问题而受到全局性制约。1984 年 12 月中英联合声明的签署意味着香港回归进入过渡期。英国对香港不但失了主权也失了治权,全国上下对谈判的结果普遍感到很沮丧,心有不甘。最典型的例子莫过于 1985 年《卫报》未刊发任何一篇涉华社论,这集中体现了上流社会对中方的严重不满——拒绝提及中国。80 年代中英双方的实力对比出现了完全不同于 20 世纪的状况,英国国力衰退,许多殖民地国家已纷纷独立,"日不落帝国"不再风光。相反,新中国在不被看好的情况下冲破帝国主义封锁,大力建设社会主义,取得了不俗的成绩,国内一片欣欣向荣的景象。这种强烈的反差严重挫伤了英国的自尊心。此外,80 年代末的东欧剧变曾让英美等资本主义国家误以为社会主义大厦会马上倒塌。然而令他们始料未及的是社会主义中国在 20 世纪 90 年代开足马力,飞速前进,经济社会发展日新月异,国际地位显著提高,并于 1997 年成功收回香港,如邓小平(1993:85)所言,香港问题的和平解决得益于我们国家这几年的发展。尽管英国曾企图用各种手段来阻挠香港回归,但均以失败告终。因此接连受挫的英国在面对蒸蒸日上的中国时感受更多的就是耻辱与无奈。受此影响,《卫报》在对华问题上不可避免表现出消极回避态度,尽可能少提及中国,但鉴于中国的国际地位和国际影响力,对中国问题又不能避而不谈。所以在涉华社论的建构上,《卫报》倾向于刻意降低三大过程的使用频次。客观上,受困于国内经济状况,80 年代虽有改善,但 90 年代又重新遇到麻烦(赵伟,1996:68),报道者缺乏足够的底气去议论中国事务;主观上,有意而为之,降低前进的中国在受众中的关注度,以免自取其辱,这与其强烈的民族自豪感有关。

　　此外,就关系过程内部而言,图 4-3 表明归属类关系过程的使用频率增加,识别类关系过程相应减少,说明贴标签式的意义建构仍然得到重视,从而忽视了对事件真相的还原。这一时期中,涉华事件的主题主要涵盖政权更迭、人权、军事以及中英关系等。在 14 篇社论中,有 9 篇涉及中国的政治制度和人权问题。《卫报》通过频繁建构归属类过程,暗示了中国仍为其价值信仰上的"异己",这样既能在香港问题上报复打击中国,又能帮助英方挽回些许颜面,以追求心理上的平衡,如:

　　(5). Mr. Hu's reformist leadership...even if they seem directionless and politically not very articulate(Dec. 23, 1986)。

（6）...that China's human rights record remains appalling（Jul. 24, 1990）.

从物质过程来看（见图4-4），及物类过程的频率逐步上升，非及物类过程则相应下降，表明说话人侧重建构动作／行动对外界的影响。随着中国经济不断发展，新一轮"中国威胁论"于90年代逐渐形成，西方资本主义国家不断围绕中国的经济、政治、军事等问题大做文章。通过建构更多的及物型物质过程，《卫报》意在大肆渲染中国行动造成的"恶劣影响"，为西方所谓的"中国威胁论"摇旗呐喊。

（7）. This month five campaigners have been put on trial（Jul.24, 1990）.

（8）. Old（and groundless）fears [of Chinese expansion into South-east Asia] have been revived by Beijing's assertive claims in the South China Sea.（Mar. 23, 1995）

三、语场：重行动与评判轻情感

在第三个时期，物质过程和关系过程的频率逐步上升，而心理过程仍保持下降趋势，表明《卫报》更倾向于对中国的行动和对相关事件性质／属性的关注，而缺少对认知主体情感／心理的重视。进入21世纪，随着改革开放不断深化，中国经济继续腾飞。入世后，中国在世界经济中的地位稳步提高，2011年GDP总量首次跃居世界第二位，仅次于美国。经济繁荣，社会稳定，中国吸引了全世界的目光，并成为吸引外国投资的热土。与此同时，英国根据形势的发展，也在逐步调整其外交政策。尤其在经历了2008年世界金融危机后，英国将国家利益重新确立为外交政策的基石，而非以前的英美特殊关系（王菊芳、余万里，2015）。因此在处理对外关系时，英国在这一时期往往首先将国家利益置于首位。英国经济高度发达，但随着世界经济一体化和区域经济集团化的发展，其所面临的国际经济环境也日益严峻，在此情况下，英国开始将注意力转向中国，特别是加入WTO的战略性行动，使英国商界对中国经济的信心进一步增强（王为民，2006：384），《卫报》社论（2000-05-26）也曾指出，中国市场尽管有许多不完善之处，但对美国和整个西方来讲，仍不失为商业界的香格里拉。英国渴望同中国交流、合作，以觅得更多商机，重振"日不落帝国"的雄风。中英之间的合作不断升级，由1998年的全面伙伴关系升级为 2004 年的全面战略合作伙伴关系并于 2015 年开始构建面向 21 世纪全球全面战略伙伴关系。再者,继世界经济危机和欧盟债务危机后,民族主义、民粹主义风起云涌,英国政局出现动荡,苏格兰公投和脱欧公投让其国家形象尽损。持留欧立场的精英阶层对一贯支持经济全球化和欧盟一体化的中国会产生更多的期待。同时,21 世纪英国国内兴起的"中国热"也表明其对中国和中国文化的逐渐认可(王为民,2006:408)。总之,无论从经济,政治,还是文化角度来看,在新世纪英国对中国的依赖性逐渐增强。对上层社会而言,他们不但关心中国发生了什么,而且更要对这些事件做出及时判断和评价,尤其在"中国威胁论"和"中国责任论"盛行之时,从而可以最大限度地服务本国与西方利益,因而会导致物质过程和关系过程的使用频率增加。心理过程频率下降与英国 90 年代末重新提倡的实用主义论(pragmatism)有密切关系。《卫报》社论(1998-10-07)提出,处理对华关系时要以实用主义为导向,王菊芳、余万里(2015)也认为,在中英双边关系问题上,英国往往看重实用主义。因此,《卫报》较少关注参与者的内心世界经历,更为关注事件的发生以及可能造成的影响。

在关系过程中,如图 4-4 所示,归属类过程先降(1999-2007)后升(2007-2017),与此同时,识别类过程则相应先升后降。2007 年以前,受英美特殊关系和又一轮"中国威胁论"影响,英国不愿看到中国在 21 世纪初的崛起,于是紧随美国,大肆宣扬中国在发展过程中的问题和不足,为威胁论大造声势,因此归属类过程下降,识别类则上升,如:

(9). The only story [[to attract attention recently]] has been the dismal one of Sars. (Jun. 30, 2003)

(10). The difference in China's case is [[that the social upheaval [[following a deep economic dislocation]] could be far more dangerous for its neighbours and trading partners.]] (Nov. 10, 2004)

在此之后,中国国际地位在 2008 年北京奥运会后显著提升,综合国力增强,并致力于发展多边睦邻友好关系,积极为世界和平与发展作贡献,国际形象迅速提升。与此同时,英国却面临一系列难题,如英美关系出现芥蒂,欧盟以及英联邦内部问题(冯仲平、金灿荣,2015)。 在"中国机遇论"影响下,英国的对华态度有了较大转变。在发表评论时,《卫报》倾向于采用谨慎、稳妥的态度,而非对事件进行草率定性。因此归属类呈上升趋势,识别类则相应下降。

（11）....an obstructive China is in a position [[to do great harm]].
（Dec.30, 2009）

（12）. China's economy is also unstable, uncoordinated and
ultimately unsustainable....（Jan. 20,2012）

就物质过程而言（见图4.4），及物型过程频率在2002之前呈下降
趋势，非及物类型相应上升。90年代末21世纪初，英美等国对于中国
的崛起有强烈的戒备心理，《卫报》社论（2000-05-26）认为随着中国在
亚太地区的不断扩张，将来必会威胁到美国的国际地位。再者，中国刚
刚入世，既面临机遇也会有更大挑战，究竟以何种方式影响世界仍是未
知数。因此，通过大量非及物过程的使用暗示了《卫报》对于中国未来
的种种不确定性，如：

（13）. ...perhaps it hopes to benefit from reduced pressure over its
human rights abuses or in its WTO membership negotiations.（Apr. 5,
2001）

（14）. ...that Chinese arms spending is rising rapidly ‖ and the
specific threat to Taiwan is growing.（Aug. 6, 2002）

与之相反，2002年之后及物类型开始上升，非及物则相应下降。如
上所言，中国的飞速发展令世界为之惊叹，国际影响力日益扩大，但不
可避免地会招致西方大国的羡慕嫉妒恨，由此"中国威胁论""中国责
任论"等甚嚣尘上。英国也不例外，在不断升级对华合作关系的同时，
不断对中国的人权问题、环境问题、网络安全以及南海争端等说三道
四，故意夸大中国的负面影响，以抹黑中国，因而会导致及物类物质过
程使用频率上升，如：

（15）. Yet the pace of growth has threatened to outrun even
China's seemingly inexhaustible resources, ...（Nov. 10, 2004）

（16）. The country executes more people ‖and arrests more
journalists [than the rest of the world combined].（Mar. 30, 2008）

第五节　文化语境对社会符号选择的制约

文化语境是整个语言的语境,是相关文化的所有符号系统的综合。马丁(Martin)(1992:496)认为文化语境包括体裁和意识形态,其中体裁是用以体现文化的、分阶段实施的、有目的的社会过程(Martin & Rothery,1986:243),而意识形态则是构成文化的一套编码取向系统(Martin,1992:507)。《卫报》涉华社论在对中国建构过程中的一系列变化主要受其意识形态的影响。

一、精英文化传统

历年来《卫报》对中国的建构常以负面形象出现,突出体现在关系过程或物质过程的选择上。另外,心理过程的使用频次呈现一直下降趋势,虽然看似报道者不注重参与者的内心世界反应,但从更深层次来讲,恰恰反映了《卫报》对参与者(中国领导人 / 民众)的歧视,视其为情感 / 心理"缺陷者"。这种意义建构除了与情景语境有直接关系外,归根结底受更高层次的意义潜势系统——英国文化传统支配。英国具有浓厚的精英文化传统,崇尚精英,提倡中下层阶级要以贵族为标准,一切要向上层社会看齐(钱乘旦、陈晓律,1991:366-414)。中国则强调工人阶级的领导和以工农联盟为基础,且中国共产党最初来源于贫穷的产业工人。因此就文化传统而言,英国必然对中国有偏见。作为老牌资本主义国家,从冷战时期到 21 世纪的今天,一直视中国为意识形态上的异己,常戴有色眼镜看待中国发展,敌视社会主义。

二、渐进变革

三大主要过程的变化基本呈渐变趋势,每种过程均在曲折变化中上升或下降,未出现明显大起大落(1985年除外),这从很大程度上反映了英国特殊的文化模式。融合或渐进变革是英国社会根深蒂固的价值取向(钱乘旦、陈晓律,1991:232;黄宇,2003:178)。换言之,在这种文化里,没有绝对的胜负之分,更多的是双方相互妥协,即英国历史上的冲突通常都以传统和变革的妥协而结束,而非一方完全吃掉另一方,整个英国社会在这种文化的影响下不断前进(钱乘旦、陈晓律,1991:2),比如英国历史上的"光荣革命"。此外在对待欧盟问题上,英国采取的态度就是既不想完全接受又不想退出(王鹤,1997:58),因此英国虽为欧盟成员国,却一直拒绝加入欧元区。哪怕在脱欧公投后,英国也一直在协议脱欧和无协议脱欧之间磨蹭,脱欧问题一再拖延。这种半信半疑的立场虽与国家利益有关(王鹤,1997:58),但实际体现了对渐进变革的重视。受此影响,他们在处理大国关系上经常有拖泥带水、举棋不定的倾向。除了三大过程,不同时期对中国若即若离的姿态也反映了这种崇尚融合的编码取向:承认新中国但不认可中国的政策和制度;在中国加入联合国问题上出尔反尔;在中英合作日益改善、不断升级的情况下,继续对中国民主、人权等问题指手画脚。

【小结】

本章从历时视角剖析了自新中国成立70年以来《卫报》涉华社论的功能文体流变,发现不同时期三大过程的使用呈现一定变化趋势,体现不同的意义特征,表征了英国精英阶层不同时期对中国的立场和态度变化,这些意义模式分别与不同的情景语境、交际目的相适应,反映了一定的英国文化传统,与其文化语境密不可分。作为一次功能文体历时研究的尝试,本文只限于对概念功能的单一分析,还不能充分揭示功能文体历时研究的全貌,期待将来更全面研究的出现。

第五章

功能文体对比研究[①]

第一节　引　言

　　同题新闻就是不同媒体对同一新闻源采写的报道(郭光华,2006：1),涵盖同题报道、同题评论和同题特写等。在媒介飞速发展和同质竞争日趋白热化的新媒体时代,同题新闻不断得到研究者的重视。侯迎忠(2008：65-66)指出"同题新闻竞争成为新闻生产的必然趋势……。对同题新闻报道策略与方式的研究将具有开拓性的意义",因此在复杂的社会语境下如何通过合理使用各种传播策略以吸引受众、树立形象便成为当务之急。新闻界主要围绕新闻创作基本原理研究国内同题新闻(李万寅,2003；郭光华,2006/2007；侯迎忠,2008；陈晶晶、张梦新,2008；等),但忽略对文本本体(如词汇语法特征)的具体分析和探讨。肖燕雄、卢晓(2017：103)指出"受众甚至学者缺少对结构或语言层面的剖析,无疑会妨碍对新闻事实的全面、客观理解",但他们在研究中也只关注词

　　①　本章主要内容已刊发于《外语教学》2020 年第 2 期

性和句型分析,没有充分重视语言作为社会符号的层级性特点,缺少对语篇整体意义建构的探讨,研究的系统性不足。

　　Halliday(1985a,1994,2004,2014)认为,作为社会符号的语言具有三大元功能:概念功能、人际功能和语篇功能,它们构成相互补充的统一体,实现语言各个层面的意义潜释。因此,相比其他流派,系统功能理论更有助于挖掘语篇的整体意义。植根于 Halliday 系统功能语言学理论基础上的功能文体学,主张没有不存在文体的语言区域(Halliday,1971),其核心思想是"功能",即形式特征是否具有文体价值取决于该形式特征在语境中的功能(张德禄,2005:9),因此它注重文本和语境的互动,强调语篇整体意义的配置/建构过程(Birch,2005:42)。对语篇进行功能文体分析有助于充分挖掘各种意义资源的分布策略,了解其意义建构特征。学界已对新闻领域展开了大量功能文体研究(Crystal & Davy,1969;Brook1979;秦秀白,1986;王佐良、丁往道,1987;O'Donnell & Todd,1991;徐有志,1992;张德禄,1998;张德禄等,2016;杨雪燕,2001;周军、楚军,2005),上述研究丰富了受众对新闻英语意义潜势的认识,发现了这一体裁的诸多共性特征,但缺少对同题新闻的探讨。

　　《卫报》和《华盛顿邮报》(下称《邮报》)作为世界范围内非常有影响力的两大主流报刊,其意义建构策略值得我们研究。相比其他语类,国内外对新闻评论的研究还远远不够(丁法章,1985/1997;van Dijk,2013:255)。据此,本文将以新闻评论这一新闻领域的一个次范畴为例,以《卫报》和《邮报》中有关特朗普当选新一届美国总统的两篇同题社论为语料,通过文体对比,全面、系统地研究同题新闻意义建构策略,旨在探讨以下几个问题:(1)同题新闻是否在文体突出特征上有差异,(2)是什么语境因素引起这些突出特征上的差异,(3)这些突出特征如何在构建语篇整体意义上得到前景化,实现各自的传播价值和交际目的。解决这些问题将有助于了解意义建构策略差异进而对同题新闻的深入探讨有所借鉴。

第二节　同题新闻评论的功能文体学分析框架

根据系统功能语言学理论,语言是由多层级系统网络构成的意义潜势,人们在社会交际过程中可以根据语境对语言系统进行选择,构建语篇。这样,人们既可以通过语境预测语篇,也可以通过语篇预测语境。Urbach(2013:317)明确指出"重视语境以及学会把语境整合到语言理论中去,这对那些欲充分有效解读社会生活中语言的语言学家来讲至关重要"。语境包括文化语境和情境语境。文化语境是整个语言的语境,是相关文化所有符号系统的总和。Martin(1992:496)认为文化语境包括意识形态和体裁,其中意识形态是构成文化的编码取向系统(Martin,1992:507),体裁是分阶段实施的、有目的的社会过程(Martin,1984:25)。情景语境是文化语境的实例,包括三个变项:语场,指发生了什么事,包括题材;语旨,指谁和谁进行交际活动,他们之间是什么关系;语式,指语言在语境中的作用,包括修辞方式、传播媒介(如口语/书面语)和渠道等(Halliday,2014:33-34)。它们分别制约了对概念、人际和谋篇意义的选择,意义又制约了对词汇语法以及字系或音系的选择。概念功能主要由及物性体现,人际功能由语气、情态和人称代词等体现,语篇功能由主位结构、信息结构和衔接等体现,从而生成各种语篇。

所有的文体分析归根到底都是对文体效果的分析和解释(张德禄等,2015:67)。与形式文体学流派所坚持的文体效果即偏离的观点不同,韩礼德功能文体学派强调突出特征的前景化,即有动因的突出特征,包括失协(incongruity)—质的偏离,和失衡(deflection)—量的偏离两个类别。前景化是相对于语篇的整体意义而言的。Halliday(1973:112)认为,在文学作品中,"除非突出对作者的整体意义有贡献,它就似乎缺乏动因,一个突出的特征只有与语篇的整体意义相关时才能前景化",即只有它们的功能与情境语境建立起相关性,成为有动因的突出时,才能实现前景化。

因此,我们在分析评论语篇的功能文体特征时,采用自下而上的分析程序,按照"分析—解释—评价"三个文体分析步骤进行(张德禄等,2015:69)。首先基于元功能模式分析语篇在词汇语法层的突出特征,包括失协和失衡,然后从情景语境层面阐释这些突出特征在语境中的功能/意义以确立前景化并进行语篇间的横向对比,最后从更高层次的符号潜势系统——文化语境层面对语篇背后的意识形态进行剖析并评价各自传播价值。

同题新闻评论功能文体的研究重点是它们的文体特征对比。对比首先发生在词汇语法层面,分别对它们在及物性结构,语气和情态,以及主位结构等方面进行对比分析,从而得出两个语篇在词汇语法突出特征上的异同;然后在意义层次上,对比两个语篇由概念意义、人际意义和语篇意义所形成的意义模式,根据情景语境中的语场、语旨、语式阐释两个语篇的那些突出的词汇语法特征和意义模式在各自的语境中得以前景化,并且对这些前景化特征进行对比,发现它们的异同;最后根据文化语境,特别是体裁结构和文化传统,对这些前景化特征的文体价值和效应做出评价,对比它们的异同,进而探讨其文化价值和深层次的动因(见图 5-1)。

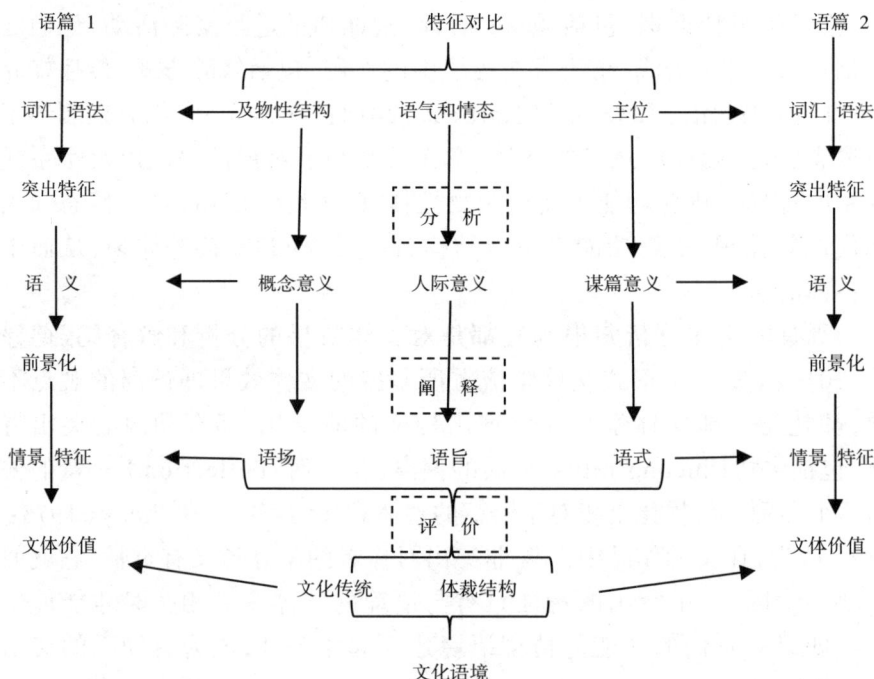

图 5-1 同题新闻语篇文体对比分析模式(张德禄、郝兴刚,2020:3)

第三节　突出特征分析

系统功能语言学的功能文体学理论为文体分析提供了强有力的分析工具,因为它不仅分析词汇语法和意义特征,同时也从社会文化和情景语境中寻找动因。

根据系统功能语法理论,我们依次对两篇同题社论中的及物性、语气、第一人称代词复数、情态成分以及主位结构进行分析。首先对比两个语篇中哪些相关特征出现了,哪些没有出现,然后再看它们各自出现的频率,并进行对比。虽然一般来讲,量上的差异的大小可以表示它们突出特征的不同,从而可引起文体特征上的差异,但在文体学研究中,不同的语境对量的差异的要求不同。正如 Halliday(1973：117)所言:"经常是大体表示出出现频率就足够了,足以表示出为什么我们要接受作者的断言语篇中某些特征是突出的。"

为保证研究的科学性和准确性,两位作者首先对上述词汇语法结构同时展开单独分析,其次将对各自分析情况进行仔细比较,通过反复商讨与审核,最终达成的统计结果如下。

从对两则社论的及物性结构比较可见(表 5-1):物质过程、关系过程与心理过程共同构成评论的主要过程,数量上十分突出(《卫报》95%、《邮报》89%);关系过程和心理过程之和的比例(《卫报》59%、《邮报》57%)都高于物质过程(《卫报》36%、《邮报》32%)。在关系过程的分布上,《卫报》比例较高且以识别类(identifying)(共计 58 个,约占48%)为主,《邮报》比例较低以归属类(attributive)(共计 21 个,约占40%)为主。此外,就心理过程而言,《邮报》的比例较高且以情感/愿望类最为突出(共出现 9 处,约占 17%)。

表5-1　及物性比较

报纸类别	小句总数	物质		心理		关系		行为		存在		言语	
		个数	%	个数	%	个数	%	个数	%	个数	%	个数	%
卫报	120	43	36	13	11	58	48	2	2	1	1	3	2
邮报	53	17	32	9	17	21	40	1	2	0	0	5	9

从对两则社论的语气结构比较可见（表5-2）：两个语篇均以直陈语气（包括陈述句和疑问句）为主要语气类型，未出现祈使语气。在直陈语气中，主要以陈述语气为主，在两份报纸中各占98%和94%，另外疑问语气各占2%和6%。

表5-2　语气比较

小句总数 语气		陈述语气		疑问语气	
		个数	%	个数	%
卫报	120	118	98%	2	2%
邮报	53	50	94%	3	6%

语气类型上似乎两者没有区别，但在选择什么成分作主语上显示出较大的差别。在《卫报》的120个小句中，只有一个"we"作主语，而在《邮报》的53个小句中，就有13个小句由"we"作主语，如表5-3所示：

表5-3　作主语的第一人称代词复数（we）分布比较

小句总数 人称代词		第一人称代词复数（we）	
		个数	%
卫报	120	1	0.8
邮报	53	13	25

另外，两篇社论中情态的出现频率呈现较大的差别。在《卫报》的120个小句中，只有12个情态动词，外加1个情态副词，占小句总数的11%；而在《邮报》的53个小句中，就有15个情态动词，外加2个由情态副词和情态隐喻形成的情态成分，占小句总数的32%（见表5-4）。

表 5-4　情态成分比较

小句总数　　情态	情态动词	情态副词	语法隐喻	总数	%
120	12	1	0	13	11
53	15	1	1	17	32

从主位结构上看,两篇社论均以无标记主位为主:在《卫报》的120个小句中,无标记主位达102个,占总数的85%(其中显性主位为86个,占72%);在《邮报》的53个小句中,无标记主位达52个,占总数的98%(其中显性主位37个,占总数的70%)。《卫报》有标记主位为18个,占总数的15%,明显高于《邮报》的2%(见表5-5)。

表 5-5　主位结构比较

小句总数		显性主位		隐性主位		无标记主位		有标记主位	
		个数	%	个数	%	个数	%	个数	%
卫报	120	86	72	34	28	102	85	18	15
邮报	53	37	70	16	30	52	98	1	2

综上所述,两个语篇都在及物性结构、语气结构和情态以及主位结构方面显示出相似的突出模式,同时,两者在同主题、同体裁以及情景语境也大致相同的情况下,在词汇语法的突出模式上显示出较大的区别。相关的研究问题是:(1)二者相似的突出模式表现了哪些方面的共性?(2)二者不同的突出模式显示出哪些意义模式的差别?

第四节　突出特征的前景化阐释

一、背景描述

针对2016年的美国大选,《卫报》和《邮报》各自在第一时间刊发社论,前者标题为"A dark day for the world"(The Guardian, 8/11/2016),后者标题为"How each of us can help keep America inclusive, even under Trump"(*The Washington Post*, 8/11/2016)。以上对两篇评

论中体现元功能模式的主要词汇语法结构进行统计分析,发现了二者各自的突出特征。下面我们将根据情景语境三个变项,分别解释这些突出特征的语义功能以发现语篇体现的不同价值。

从情景语境的角度看,同题新闻:(1)具有相同的语场,来源于同一事件;(2)具有相同的语式,因为它们都来源于报纸:都是书面语;(3)属于同一个体裁:新闻评论。它们之间主要的区别在于语旨不同:《卫报》的一般读者定位为英国大众;而《邮报》则为美国大众。这些区别能使两份报纸社论产生什么样的差异?所产生的差异是否都由这些区别引起?是否还有其他因素起作用?本节重点根据系统功能文体学理论来探讨这几个问题。

Halliday(1973:112)认为突出特征只有"有动因"(motivated)才能被前景化,即它只有与建构语篇的整体意义相关才能得到前景化。而语篇的整体意义是受到语境的促动被选择的。因此,探讨突出特征的前景化需要研究突出特征表现了哪些意义模式;这些意义模式如何为作者建构语篇整体意义作出贡献以及这些意义与情景语境如何关联等。

二、语场:客观思辨与主观情感

及物性体现语言的概念功能。如表 5-1 所示,物质、关系和心理三个主要过程在两个语篇中均形成失衡(deflection),即量的突出。其中,关系过程和心理过程之和的比例都高于物质过程,表示语篇中主要涉及事件/行为、事物的关系/性质以及参与者内心世界,而且两个语篇的核心关注点都不是事件本身的发生过程,而是主体对事件的感受以及作出的判断和评价。这与两个语篇都是新闻评论这一体裁类型是相关的。其次,《卫报》的关系过程比例高于《邮报》,而心理过程则低于《邮报》,主要在于该语篇中许多关系过程的被识别者(identified)角色都由名物化成分充当,而这些名物化成分大部分源自心理过程,如文中先后 4 次出现的被识别者恐惧(fear)都是经过心理过程 people fear...(人们恐惧……)转化而来,表明《卫报》更倾向于对事物的评判。不同类型的关系过程的使用表明《卫报》侧重对事物本质的思考,《邮报》偏重对事物属性的描绘。此外,从心理过程来看,《邮报》更倾向于刻画主体的情绪变化等内心世界经验。

语篇的概念意义由情景语境中的语场支配和决定。Halliday（1978：138）曾把语场分为第一层次语场（first-order field）和第二层次语场（second-order field），其中第一层次语场指正在发生的社会活动，而第二层次语场是在第一层次语场的基础上派生出来的，指完全由语言体现的社会活动（Halliday，1978：144）。就两篇社论而言，它们的第一层次语场一致，均指美国大选；第二层次语场也大体相似，同为大选派生的评论语篇，但它们性质各异——《卫报》意在抨击大选；《邮报》旨在抚慰民众心灵创伤。新闻评论需和客观世界发生的事件相关，需要物质过程描述该客观现实，但两篇文章的第二层次语场决定了它们还要对大选的过程和结果进行评价，即"对重要事件或问题进行阐释和评论，从而表明媒体的态度和立场，以感染和说服公众"（Rivers et al.，1980：87），因此趋向于关系过程和心理过程的使用。物质过程、关系过程以及心理过程的大量使用构成语篇中有动因的突出，属于典型的评论语篇功能文体特征。因第二层次语场性质的差异，《卫报》关注大选结果产生的根源和内幕，揭露各种国内外"助攻"因素如英国退欧、右翼势力抬头等，建构了作为冰山一角的美国大选暴露出的严重负面效应，许多心理过程经名物化后也由关系过程体现，因此关系过程较突出且以识别类为主。《邮报》作为美国本土的报纸，重视思想疏导，在关注大选结果造成"民怨"的同时又要不断释放积极信号，缓解国内焦虑情绪，以使民众对美国未来充满希望，因此需要依赖更多心理过程来建构，且以情感/愿望类为主。同时报道者对大选背后的深层次问题持回避态度，对事件/人的评判仅停留于众所周知的表象，不去抓本质，使得归属类关系过程更突出。

三、语旨：失望、观望与希望

人际功能主要由语气、情态以及人称代词等实现。从语气的角度看，两篇社论均由直陈语气，包括陈述和疑问语气小句体现，未出现祈使语气小句，表示两个语篇的主要交际功能是向读者提供信息。疑问句的主要功能是求取信息，包括是非问句和特殊问句，因此它们在给予信息为主的评论语篇中的出现属于失协（incongruity），即偏离常规。疑问句在《卫报》中出现两处，分别为：（1）But what can he really do about it?（2）What do most congressional Republicans care about it? 这两处的疑问句都属于修辞问句,近似陈望道(2006:143)提出的设问中的提问——必定有答案在其下文,该段的最后一句"However, it becomes clear that he has used their anxieties to again advance himself and the urban rich class to which he belongs"提供了答案:对草根阶层而言,总统只会利用他们的焦虑为自己和城市富裕阶层谋利,根本不会去真正关心他们的冷暖。看似提问,实则提供信息,因为它们的主要作用在于"既能表达命题,又能与读者互动"(郝翠屏,2009:71-72),但这种互动范围受到了很大限制,becomes /has used 限制了读者的其他声音和立场,属于 Martin & White(2005)提出的评价系统中介入范畴中的"对话压缩"(胡壮麟等,2017:336)。反观《邮报》中出现的 3 处疑问句,(1)Can he stop casting aspersions on an entire religion?(2)Can he judge everyone, including Muslims, as individuals?(3)Will he act on his pledge to welcome large numbers of legal immigrants? 它们都属于向读者求取信息的是非疑问句,两个低值情态词 can 和中值意态词 will 的使用体现了报道者的主观隐性(subjective implicit)情态,对总统能否一视同仁对待各阶层表示疑惑,同时又以协商的口吻向读者征求意见,它们属于介入中"对话扩展"(胡壮麟等,2017:336)。

情态(Modality)表示"语言使用者可以用各种方式来干预信息,表达各种态度以及判断"(Eggins,1994:179),从情态的出现频率上看,《邮报》的情态出现频率明显高于《卫报》,显示报道者倾向于对事件的干预和协商。《邮报》语篇中的情态主要出现在语篇的评论和对将来的期望部分,表示概率和能愿,体现出作者对将来的期盼和愿望。

语篇中第一人称代词作主语显示作者的参与程度。在两篇社论中,《卫报》中第一人称代词 we 只出现 1 次,其余主要为第三人称(名词和代词等)作主语。新闻题材属于叙事范畴,是"新型的故事体裁"(Martin & Rose,2008:74)。Simpson(2004:28)认为,"叙事中第三人称的使用具有外在和分离的特性,旨在拉开叙述者与故事本身的距离,形成异故事叙述(heterodiegetic)",也就是说,第三人称叙事能起到疏远、客观的效果,突出了报道者作为观察者(观望)的角色。与此形成鲜明对照的是,《邮报》语篇中出现了较高比例的第一人称代词复数形式,平均约每 4 个小句就会出现一次。与异故事叙述相反,"第一人称叙事属于同故事叙述(homodiegetic),叙述者内化于故事中,兼有参与者的角色"(Simpson,2004:28)。

　　语篇的人际意义是由情景语境中的语旨支配和决定的。就两则社论而言,交际双方均为报道者和受众,由代表权威一方的报道者向受众传递信息,大量使用陈述小句能更有效实现信息传递功能。有趣的是,两则新闻评论在开头都传递了强烈的失望情感信息,而且都是主要由关系过程和词汇体现的。《卫报》把它定义为"大跌眼镜的闹剧",《邮报》则直接称为"失望"。但是两个语篇中交际双方不同的社会距离和社会关系决定了它们在语旨上的差异性。《卫报》来自英国主流报纸,其读者范围广泛,不仅包括英国公民,也可包括当时强烈呼吁反右翼的世界人民,这与语篇中先后出现 5 次的单词 world(世界)以及标题相一致,因此交际双方的社会距离/社会关系较远,报道者以局外人身份向作为受众的世界人民阐释对美国大选的看法,就要体现权威性和客观性,因此需要运用大量极性陈述句、修辞问句以及非第一人称代词来体现这些特征,重视的是品德(ethos)策略。《邮报》中双方参与者是美国记者和美国民众(全文未出现 world),共享背景知识较多,交际双方社会距离/社会关系较近,报道者代表美国政府的立场,希望能够顺利度过危机,为影响受众就要重视情感(pathos)策略,体现亲民性;大量情态动词的使用表明报道者试图寻求与受众的协商,尽力削弱双方的权势对比关系;多次使用第一人称代词复数有助于拉近同受众的距离和引起情感上的共鸣;通过是非疑问句的使用加强了与受众的互动。

四、语式:求证与求解

　　语篇功能在词汇语法层面主要由主位结构体现,主位结构由主位和述位两个功能成分组成,其中"主位是信息的出发点"(Halliday,2004:64),可以是无标记的,也可以是有标记的。两则新闻评论均以无标记主位为主。无标记主位的连续出现能够突出语篇的主要参与者特点,因为语篇的主要参与者通常要作主语。而有标记主位则通常由情景成分和补语体现,突出语篇的逻辑严密性和客观性,淡化主体性。从这个角度讲,两则新闻评论的组篇意义有较大差异,《卫报》语篇中的有标记主位比例明显高于《邮报》,主要由表示时间、地点、原因和方式等环境成分的介词短语、副词词组以及从属小句体现。正如 Fries(1983:143)所言:"主位选择在于确立以某些信息作为基点去评价和比较后出现的信息",有标记主位的使用能在吸引读者的同时增加信息传递的有效性和客观性,是论说类、思辨推理类语篇的特点。《邮报》语篇的一个突出特点是把信息的起点置于具有情感和行动能力的自然人上。信息的组织方式围绕这些作为主体的人的情感、思想和行为展开。

语篇意义是由情景语境中的语式支配和决定的。语式制约着语篇功能对词汇语法的选择,从而将概念意义与人际意义合理组织起来建构为语篇 / 过程(Martin,1996:340)。新闻评论中言语所起的作用就是劝说,即"旗帜鲜明地表明态度、阐述自己的见解和主张,借以指导当前的社会价值观,影响和引导社会舆论"(赵玉明、王福顺,1999:107)。《邮报》劝说美国民众摆脱焦虑的阴霾,加强团结,期待美好的将来。要达到劝说目的,就需要合理有效地组织语篇,而语篇的组织必然离不开修辞策略的使用(Hoey,2001: 4)。在劝说方式上,根据 Hoey (2001:119-180)的研究,两个语篇采用了不同的修辞模式:《卫报》采用了假设—证实(hypothetical-verifying)模式,《邮报》采用了问题—解决(problem-solution)模式。

在《卫报》中,报道者首先提出假设: 这次大选带给世界的是震动和灾难(global earthquake/ seismic rupture),然后着重去证明这一假设。为了让世界范围内的广大受众相信这是一场灾难,报道者通过使用大量背景信息和推理论证等方式(集中体现为更多有标记主位的使用)来最大限度提高相关命题的可信度,以增强说服力。与之相比,在《邮报》中,报道者论述了美国大选暴露出的社会问题(疏远 / 失望 / 痛苦),这些对亲历过大选的美国民众而言是显而易见的(无须太多地有标记主位来赘述),重点应是如何解决问题。

第五节　两篇英文社论字系突出特征对比

在文体学研究中,任何有动因的突出特征(即前景化)都应纳入考察范围。根据建构的功能文体对比研究理论框架,我们重点探讨了两篇英文社论体现于词汇语法特征上的文体差异。既然语言是一个多层级的系统网络,音系 / 字系层面的突出特征同样值得我们深入研究。那么,两个社论语篇在音系 / 字系层面又体现了怎样的文体差异？因此，我们在本节还关注了两个语篇体现于音系 / 字系层面的文体特征差异。

系统功能语言学派认为，情景语境构型体现为语义选择，语义选择体现为词汇语法，进而体现为对字系音系的选择，其中书面语中的字系特征主要体现为字数、拼写和排版模式等方面的特色。

表 5-6　字系结构特征

	卫报	华盛顿邮报
总字数	1425	532
总句数	64	22
句均字数	22	24

如表 5 所示，两篇评论平均字数为 978 个，平均句数为 43，大大高于杨雪燕（2001：372）的发现，"社论平均长度为 436.5 个词"和"平均句数为 17.5"。无论从字数还是句数看，两篇文章的字系结构特征都比较突出——属于失衡，它们的突出也是有动因的。二者的语旨不同，这在语气结构分析中已有论述，第一篇评论针对的受众较为广泛，是全世界反分裂、反种族主义和支持贸易全球化的读者，因而有必要把特朗普当选的前前后后进行语境重置（recontextualization）后再次展示给世界受众。从语式看，为更有力地谴责特朗普，增强说服性，报道者就要在策略上多下功夫，必然要旁征博引，因此报道者先后提到了法国极端右翼分子国民阵线领导人——玛丽娜·勒庞，支持特朗普的莫斯科和大马士革，叙利亚反对派以及英国退欧等，人以群分，物以类聚，把特朗普同以上代表种种负能量的元素相提并论，有力地彰显了报道者要与上述划清界限的阶级立场。这种互文性的使用是"新闻评论内部重要的语言特征，有助于说话人达到交际目的"（董育宁 2015：38）。这样在说服性增强的同时，也就不可避免造成语篇字数的增加。与此不同的是第二篇的受众为美国民众，对美国大选整个过程比较清楚，所以不需要对大选进行详细介绍，所关注的重点是大选之后民众的反应。其次鉴于政党利益考虑，报道者不可能把一些对美国政府形象不利的因素揭露给读者，只是劝服国内民众接受选举结果，毕竟宪法使然。然后只是喊口号式号召民众自我反省，不要怨天尤人，应从当下做起，勿忘初心，为民族的包容和团结尽自己的一份努力。上述各种因素就会使得第二篇评论较为简短。最后还可以看出句子平均长度为 23 个词，略高于各类语体的"平

均单句含词量 17.8" (Leech & Short 1981：113) 的标准,这表明评论语体和其他语体在句子长度上近似——要有效地传递信息就要尽可能地降低读者的心理负荷,避免句子过长。

　　此外,第二篇新闻评论中还出现了两处首字母缩略语,第一处是第 4 句里的 R's 和 D's,分别是 republicans(美国共和党)和 democrats(美国民主党)的缩写;第二处是第 11 句中的 LGBT,分别代表 lesbian(女同性恋), gay(男同性恋), bisexual(双性恋)和 transgender(跨性恋)四个词,同时倒数第三句还出现了一处斜体的 our(我们)。大写字母、斜体以及排版等都属于字系层面的突出特征,它们的出现是否也属于有动因的突出? 这一情景语境中双方参与者分别为美国记者和美国民众。众所周知,以上这 7 个词如果以常规形式出现在该语篇中,是不太可能引起读者注意的,毕竟它们在美国人的日常生活中司空见惯,而 our 作为代词,本来就属于封闭词类中的虚词,很少有人注意它。报道者为了劝说广大美国民众摒弃党派之争,鼓动不同肤色、不同种族、不同信仰的群众联合起来,同舟共济,故意用偏离常规式的编码,使得读者不由对它们重新思考起来,以唤醒他们的团结意识。因此它们与情景语境相适应,与语篇的整体意义相关,恰恰属于功能文体学中的失协特征。反观第一篇评论则没有出现此类特征,因为此处情景语境中的交际双方社会距离以及社会关系较远,共享背景知识偏少,如若出现缩略语等则被视为纯粹形式上的偏离,构不成有动因的突出,只会增加解读的障碍,反而不利用语篇整体意义的建构,文体效果也会大打折扣。

第六节　不同文化语境下的社会符号

　　英美两国具有相同的文化渊源——作为移民文化的美国文化起源于英国盎格鲁—撒克逊文化体系(朱永涛、王立礼,2000),但由于 200 多年的分离使他们发展了各自不同的文化模式,两者可以说既有共同点又有区别。不同的文化具有不同的意义潜势,英国作为率先进入现代社会的国家,"具有浓厚的精英文化传统,提倡向上流社会看齐,贵族精神几乎成为国粹"（钱乘旦、陈晓律，1991：392），崇尚传统，偏于保守，渐进改革成为人们头脑中根深蒂固的价值取向（钱乘旦、陈晓律，1991：278；黄宇，2003：178），因此支持精英，拥护建制。美国文化强调开放与包容（王锦塘，1996：10；仲掌生，2000：99），各个民族、族裔以及具有不同宗教信仰的居民生活在共同的土地上，对各种元素能兼收并蓄，各种政治思潮可以共存（李其荣，2005：87），崇尚冒险和乐观进取，"即使碰到艰难险阻也坚信明天会更加美好"（李其荣，2005：94），而且有着浓厚的反建制主义历史传统（刘长敏、李益斌，2017：59），因此可宽容对待各种思潮。

就这两篇社论而言，其交际目的的作用远远大于它们的文化差异。新闻评论的体裁结构比较稳定，由引论、正论和结论三者构成（范荣康，1985：29），即提出论点、论证和结尾三部分，从 Hasan（Halliday & Hasan，1985/1989）的体裁结构潜势理论（Generic Structure Potential）来看，两个语篇同为评论，其体裁结构的必要成分是一致的——引论·正论·结论。具体而言，《卫报》的体裁结构是"引论·正论·结论"，而《邮报》则多了一个可选成分——解决方案，其体裁结构为"引论·正论·解决方案·结论"，因此两者的最大区别在于解决方案这一成分的有无。

作为 2016 年相继发生的两起颠覆性事件——英国脱欧和美国大选，被视为西方右翼势力和民粹主义抬头的结果——草根阶层战胜精英阶层。首先脱欧之举让英国在世界范围内颇受争议，国内精英阶层对退欧后的经济前景普遍表示担忧。和英国很多大报同行一样，《卫报》代表国内精英阶层的利益，持留欧立场。由于英美之间长期以来美唱英随遥相呼应的"特殊关系"，美国大选让国内的精英人士心灵再次遭受重创。报道者首先直接将其定性为世界政治地震（global political earthquake）（引论），然后从当下国际形势和美国国内局势两方面去证明这一论断（正论），最后得出结论：由于美国民众的错误决策，我们都会处于一个黑暗、动荡和恐惧的时代。这充分表明报道者看衰美国大选，认为其后果无可救药，世界也将永无宁日。大量名物化成分（如 cataclysm/disaster/earthquake/seismic rupture/fear 等）的使用建构了灾难、恐惧的场景，渲染了浓厚的悲观化色彩，显示了客观性和权威性（肖建安、王志军，2001）。报道者以正式严肃的口吻抨击美国大选，控诉其根源——正在西方蔓延的反全球化思潮，其传播目的在于引起世人警惕,从而有效地引领世界舆论,同时也表达了对世界前景的担忧。这一切表现了英国新闻工作者作为"调查员和讽刺挖苦大师"(赵鼎生,2002:13-14)的双重特色。

反观《邮报》则体现了美国政府利益。大选中两党互相攻击,撕裂美国社会,尘埃落定后国家形象严重受损。据《华尔街日报》11月7日公布的投票前最后一次民调结果显示,接近三分之二的选民认为这场选战使他们对国家的自豪感减弱;近六成选民对两名候选人都不满意;大约半数选民都没有作好支持新总统的准备(徐剑梅等,2016)。美国大选既给美国带来了新的变革可能,但同时也带来了巨大的悬念。外界反民粹反右翼呼声不绝于耳,同时国内存在白人身份焦虑、贫富不均、族裔矛盾以及反精英反建制等突出问题,在此内忧外患下,为维护政府利益和稳定民心,当务之急就是迅速唤醒民众的包容、团结意识,重塑国家自豪感,以共渡难关。因此报道者认为美国大选带来的问题只是人们情感上的疏远、失望和痛苦(引论),然后轻描淡写地分析了这些负面情绪,随后提出解决方案:呼吁民众应该从自我做起,加强团结,最后以展望未来作为结论:或许会激励我们去加强团结,其中解决方案这一结构成分的出现是《邮报》与《卫报》在体裁结构上的最大不同。不但关注社会问题,还致力于如何解决问题,代表了美国政府立场。表明大选结果没有想象中那么糟糕,美国政府和人民完全有能力去解决。与《卫报》不同,该评论的名物化成分较少,仅局限于 alienation/disappointment 等表示普通情绪反应的常见词汇,其严重程度明显减弱,浅显易懂,会给读者带来轻松、亲切之感。从传播目的来看,一方面可以缩减精英阶层和草根阶层之间的心理距离,亲民性强,易于被广大草根阶层所接受,以缓解国内忧虑情绪;另一方面暗示了选举带来的社会问题并非无药可救,加强了劝说的感染力和鼓动性的同时,有助于民众重拾"美国梦"信心,从而充分体现了现代美国报纸工作者"看家狗"(赵鼎生,2002:22)的本色。

【小结】

本文主要探讨了两篇同题社论体现于词汇语法层面的功能文体特征。尽管有相似之处,但由于相异的文化语境和情景语境,它们体现了更多的文体差异,从而揭示出语篇整体意义建构的不同策略:《卫报》以较严肃的口吻构建了一场世界性灾难,劝说策略上偏重品德(ethos),以树立权威为主,互动性受限;《邮报》语气较为缓和,仅聚焦国内社会问题,劝说策略上侧重情感(pathos),以拉拢人心为主,互动性较强。两篇评论均有效地实现了各自传播价值——《卫报》以不容置疑的口吻传递危机信号,而《邮报》千方百计弱化大选的负面影响。因此对同题新闻评论进行功能文体分析更利于发现语篇整体意义建构策略上的差异,对机构或国家形象修辞有一定的启迪,可供新媒体时代的同题新闻竞争参考。

第六章

概念语法隐喻之名物化形式与功能

第一节　引　言

韩礼德（Halliday，1985：319-342；1994/2000：340-363）开创了系统功能语言学对语法隐喻研究的先河，他在 1985 年的《功能语法导论》一书最后一章提出，隐喻现象并不仅限于词汇层面，而且常常发生在语法层面，语法隐喻由此产生，主要包括概念语法隐喻（ideational grammatical metaphor）和人际语法隐喻（interpersonal grammatical metaphor）。语言具有社会建构性，充分体现在"人们通过隐喻认识世界，语言则通过隐喻构建人的认知"（朱永生、严世清，2000：32）。语法隐喻广泛存在于各类书面语篇和口头语篇中，是不同语法符号转换使用的结果，其中名物化（nominalization）是实现概念隐喻的常用手段之一。国内外诸多学者纷纷展开了对名物化的研究。国外研究如 Martin（1992），Charles（2003），Baratta（2010）等都曾详尽论述了名物化。国内学者也进行了大量卓有成效的研究，如杨信彰（2006）认为采用名物化可使语篇包含较大信息量，产生语言客观、精炼的效果；徐新宇(2011)重点分析了国际贸易销售合同中名物化结构的语篇功能，认为名物化结构具有语篇精练、语篇专业和语篇权威增强等功能；肖建安、王志军(2001)指出名物化是英语书面语的主要特征之一，主要分析了该结构在语言变体中的特征和功能；孙志祥(2009)从反面重点讨论名物化具有掩饰施动者角色，操控社会和文化焦点，将知识和观点常识化等消极意义潜势的作用；刘国辉、余渭深(2007)指出名物化的使用会导致语义模糊，语言玄妙难懂；沈继荣(2010)则主要探讨了汉语新闻语篇中名物化的工作机制和功能；王振华、方硕瑜(2020)对比研究英美法系法律著作与《中华人民共和国刑法》中的名物化现象。总之，学界从不同层面对名物化结构及其使用效果进行了详细阐述，各有千秋。目前为止，很少有学者对英语同题报道中的名物化结构进行对比分析。毋庸讳言，名物化作为"创造概念隐喻最有力的方法"(Halliday，1994：352)，其作用不容小觑。沈继荣(2010：85)指出"新闻语篇在语言表达形式和谋篇机制方面，倾向于选择语法隐喻"。因此正确解读新闻语篇必然离不开对名物化结构的探讨。本章以《卫报》《中国日报》和《纽约时报》中有关美国驻军澳大利亚的三篇同题报道为例，拟分析名物化结构在英语政治新闻语篇中的体现和功能，揭示名物化在语篇意识形态建构中的重要作用，有利于读者/学习者有效地解读英语政治新闻。

第二节　名物化结构

　　系统功能语言学认为，选择就是意义，形式体现功能。语言形式和语言三大元功能之间往往又不是固定的对应关系，就概念功能而言，功能语言学提出将体现其意义的语法表达形式分为一致式(congruent form)和隐喻式(metaphorical form)(Halliday，1994：342)。其中，一致式近似于沈家煊(1993：5)提出的句法象似性："句法结构跟人的概念意义之间的一种自然关系，如用动词表达过程，用名词表达参与者，用形容词体现性状，用副词或介词体现环境意义，用连词体现逻辑意义；后者与一致式相对，是经过了某种转化的语法形式与概念意义之间的非自然关系，如用名词体现过程、性状、逻辑关系或环境意义"。系统功能语言学有关名物化研究最初体现于英语科技语篇，认为名物化可以帮助构建科学语篇中的经验，使其具有专业性和合理性（Halliday，2004：49-101）。作为制造概念隐喻最常用的方法，"名物化是英语书面语和正式语体的主要特征"（肖建安、王志军，2001：9）。辛斌（2007：79）认为，"名物化指说话者本来可以用动词结构或句子表达某个意思，但却选择了名词短语，主要以两种方式呈现：添加适当的派生词缀进行转换和用名词结构代替动词或句子"。Fowler（1991：79）进一步指出"英语是一种名物化的语言"。一言以蔽之，名物化结构在各类语篇中都会不同程度地呈现。那么，名物化在语篇中的作用又是如何呢？Eggins（1994：56-57）强调，与英语口语语篇不同，英语书面语体中较多使用名物化结构，因而"在语法结构上比口语凝练（grammatical simplification），词汇密度上更大（lexical density）"。对于一般语篇而言，使用名物化结构主要发挥如下作用："摆脱口语所描述的动态主观世界，从思想、理由等抽象概念而不是从动作者的角度考虑和组织语篇，使语篇更具客观性和公正性；使每个句子容纳更多的信息，用更小的篇幅表达更多的思想内容；将名物化结构主题化，有助于语篇的衔接和连贯，使语篇更具权威性和更令人信服"（肖建安、王志军，2001：9-10）。而在新闻语篇中，王佐良（1987：252）也认为"名物化能使句子简练，节省篇幅，增强语篇的客观性"，但实际从本质来说，"名物化的重要作用就是将语篇神秘化，作者可以用它来掩饰自己的观点及权势关系"（Fowler，1991：80）。这充分说明了名物化在很大程度上能体现语篇的意识形态倾向，报道者通过名物化的使用能以极其隐蔽的方式把自己的立场、观点强加给读者。系统功能语言学家 Eggins（2004：59-60）认为名物化有两大突出特点：第一，名物化使得语篇组织修辞化，语篇不必根据事件发生顺序组织，即从动作发出者视角转变为以观点、原因、目标等作为信息焦点；第二，名物化往往压缩信息，因而增加小句信息含量，名词词组的意义潜势被充分彰显。综上所述，解读英语新闻语篇时，名物化策略的使用应当引起我们的足够关注。

第三节　英语政治新闻中名物化结构的形式及功能

辛斌（2007：84）认为，"新闻报道是一种社会实践，而新闻语篇是这种实践的产物，它们跟任何其他类型的语篇一样包含或反映着其生成者的立场和观点，因而不可能绝对不偏不倚地反映客观事实和社会现实，而是参与现实的社会建构（ the social construction of reality ）"，也就是说，新闻语篇不可能是纯粹客观的，在传播过程中总是带有较强的主观印记。对政治新闻而言，如何识别这种看似客观公正背后的主观色彩呢？我们不妨把名物化的探讨当作突破口。

2011 年 11 月 16 日，美军驻兵澳大利亚一事引起了中国以及整个国际社会对亚太局势走向的广泛关注，《卫报》《中国日报》和《纽约时报》纷纷撰文报道此事，顿时舆论一片哗然。虽然属于同题报道，但不难发现三份报纸的口吻和态度是不尽相同的。对学习者来讲，如何正确解读该新闻而不致受报道者意识形态的影响就显得尤为重要。三份报道都不同程度地出现了名物化结构，下面我们就将分别统计各报道中的主要名词性成分（如表 6-1 所示）并进行功能分析，发现其中蕴藏的意识形态倾向，从而进一步明确报道者的阶级立场。

表 6-1　三篇同题报道中名物化出现频次

	《卫报》	《中国日报》	《纽约时报》
名物化结构	8	3	12

一、《卫报》中的名物化形式与功能

《卫报》中的标题为 *China Uneasy over US Troop Deal in Australia*（中国对美军驻扎澳大利亚深感焦虑），全文中出现的名物化成分主要包括 strains/tension/unease/insistence/fear/encirclement/announcement/deployment 等，在上述名物化结构中，announcement 和 deployment 主

要体现了语篇信息的压缩与凸显功能,而在意识形态的彰显方面不明显。试比较 1a 与 1b,2a 与 2b,其中 1a、2a 为报道原文:

1a. The troop announcement comes on the 60th anniversary of the ...

1b. Barack Obama announces plans to station 250 troops...

2a. ...this new deployment would help to assuage some of the US allies in the region...

2b. ...Barack Obama unveiled plans to deploy troops in Australia, which will help to assuage...

显而易见,通过动态过程(如 announce/deploy)的名物化,"利用名词短语可以包含若干个修饰成分的语法特点,增加名词短语的信息量,从而达到浓缩信息的目的"(朱永生,2006:84)。另一成分 insistence 的使用亦是如此。通过将过程转化为状态,把具体事物变成抽象事物,名物化结构充分体现了"语法形式的转换意味着概念意义的转换"(沈继荣,2010:85)。既节约了版面,又保证了信息量的输出。

反观其余的 6 个名词则都属于使语篇神秘化的名物化结构。例如:

3. Strains between China and the United States look set to overshadow a key Asian summit later this week after Barack Obama unveiled plans to station troops in Australia...

4. Beijing's unease has also been heightened by US Secretary of State Hillary Clinton's insistence that the South China Sea issue be included as a topic for discussion...

5. ...prompting fears in Beijing that it is engaged in a policy of encirclement.

客观来讲,美国驻军澳大利亚造成中国以及整个亚太地区局势一度紧张,前者是"因",后者为"果"。而报道者通过名物化结构的使用,掩饰了过程的参加者和因果关系,千方百计把注意焦点转移到状态本身,于不知不觉中强加给读者这样一种错误观念:这已是一种不可辩驳的(inarguable)客观存在——中国处于美国及其同盟国的包围(encirclement)之中,全国上下一片紧张(unease)和恐惧(fears),中美之间剑拔弩张。由此可见,报道者的目的不是向读者客观报道该事件的来龙去脉,而是把重点放在中美之间这种故意夸大的紧张局势上,看似客观,实则有火上浇油,幸灾乐祸之嫌。

二、《中国日报》中的名物化形式与功能

《中国日报》使用的标题为 *US, Australia Military Relations Get Closer*（美澳军事联系更为亲密），全文只出现了三处名物化成分——分别是 deployment/renewing/intervention：

6. The deployment of 200 to 250 US Marines will begin next year and grow to 2500...

7. In response, Chinese Foreign Ministry spokesman Liu Weimin on Wednesday said renewing historic alliances might not be the best option.

8. Intervention by external forces will not help resolve the issue.

这三种名词性成分的使用，首先使该语篇"容纳了更多的信息，产生语言精练的效果，而且摆脱口语描述所呈现的动态主观世界，更为充分地体现了语篇的客观性"（徐新宇，2011：147）。其次，根据功能语法，语气体现了意义交流的核心，由主语和谓语限定成分构成，而名物化结构缺省了主语和限定成分，使得其内容不可协商，无法回应，又增强了语篇的权威性。因此，与 deploy 相比，deployment 既容纳了更多的信息量，又能让读者意识到美海军在澳大利亚的军力部署会是一种客观存在，具有难以辩驳性。同理，renewing 和 intervention 在保证了比动词形式 renew 和 intervene 提供了更多信息的同时，这昭示了美国试图恢复与澳大利亚的历史同盟关系以及干涉南海问题的现实，凸显美国政治野心家的阴谋。从这三处名物化成分看，报道者基本站在客观公正的立场上，不偏不倚地传达了美国驻军澳大利亚问题的来龙去脉，强烈地谴责了美国的不良动机。

三、《纽约时报》中的名物化形式与功能

《纽约时报》中的标题为 *A US Marine Base for Australia Irritates China*（中国因美在澳建立的海军基地恼羞成怒），全文出现了多处名物化结构，如 moves/agreement/announcement/decision/deployment/squeeze/presence/arrangement/discontent/assertives/overhaul/greeting 等。相比《卫报》和《中国日报》中的两篇同题报道，该报道中出现的名词性成分是最多的。辛斌（2007：80）认为，"大量名词性成分替代动词性结

构能有效地削弱整个语篇的动作感",而在报道一些突发事件(breaking news)时,报道者往往需要借助大量动词性成分以实现语篇的客观性。因而,我们有理由认为,报道者通过这些名物化结构的使用试图掩饰什么,即"通过删除情态成分、模糊时间概念和掩饰过程的参加者及因果关系等,创造一种非人格化(impersonal)的效果"(Fairclough,1992:182)。比如,报道者把美国和澳大利亚这种完全置亚太地区和平与稳定而不顾,私下达成的一致用 moves/agreement/announcement/decision/arrangement 等名词来表示。这些名物化结构的出现,既掩饰了作为参与者的美澳双方政府,又同时给自己主观的不理智行为披上了客观的合法外衣。报道者的主要目的只有一个,那就是以非常隐蔽的方式误导读者——以为这是大国之间在互利互惠的前提下公开签署的正当协议,完全合理合法,权威性不可协商。比如:

9. ...but the move prompted a sharp response from Beijing...

10. The agreement with Australia amounts to the first-term expansion of the American military's presence in the Pacific...

实际上,司马昭之心,路人皆知,美国多年来奉行的强权政治、霸权行为早已不是秘密,并且惯以维护和平为幌子,鼓吹其决策的合理性,企图蒙混读者。

还有一点不容忽视,报道者谈到美国在东南亚设立军事基地以及干涉南海问题时,使用了 presence 这一名词性成分:

11. The United States has had military bases and large forces in Japan and South Korea...but its presence in Southeast Asia was greatly diminished in the early 1990s with the closing of major bases in the Philippines.

显然,presence 因动作性不强会较容易掩饰美国作为参与者的野蛮行径,削弱了动作感,看不到其真实行为,与此同时,因名物化具有的不可协商性,报道者的意识形态倾向也会跃然纸上:既然美国早已在日本和韩国设立了军事基地,那么在邻近东南亚的澳大利亚建立同样的军事基地也在情理之中。这样报道者就会以较隐蔽的方式误导读者接受这种"客观存在",为美国政府私自干涉亚太地区事务披上了合法外衣。

总之,该报道中,报道者通过大量名物化结构的使用,无非是在为美国驻兵澳大利亚找借口,鼓吹其正当合理性,同时认为中方过于敏感,小题大做,借以抨击中国。

【小结】

通过对上述三篇同题报道的分析,我们发现,作为一种一致式转变为非一致式的经验重构过程,名物化结构在能保证压缩信息,使语言客观、精炼以外,还具有掩饰参与者,使语篇神秘化的功能。同时,更为重要的是英语政治类新闻语篇中名物化结构的多寡与报道者意识形态倾向成正比,名物化结构越多,表明报道者的意识形态倾向越强烈,此时报道的客观性也会相应减弱;反之新闻报道的客观性会增强。因此,充分解读英语新闻意识形态离不开对名物化结构的探讨。

第七章

小句复合体逻辑语义关系之投射意义潜势系统 [①]

第一节 引 言

何为小句复合体？韩礼德(1994：216)认为"一个句子,实际上,可以定义为一个小句复合体,并且小句复合体是我们在小句以上唯一承认的语法单位",并强调"小句复合体由不同小句通过某种逻辑语义关系发生联系而构成"(Halliday,2008：363)。众所周知,"投射"(projection)是系统功能语法中的一个重要概念,指复合体中两个成分之间的一种逻辑语义关系,广泛存在于小句复合体、名词词组复合体、动词词组复合体以及嵌入等结构中。以韩礼德(Halliday)为代表的系统功能语法学派把小句视为基本语法单位,其基本理论便是主要阐释小句之内各个组成部分的功能。程晓堂(2005：60)指出,"关于小句层次以上的阐释,则主要围绕小句复合体(clause complex)中各小句之间的关系来讨论"。国内已有诸多学者展开对小句复合体的探讨,如黄国文(1998)审

① 本章主要内容已刊发于《江苏外语教学研究》2015 年第 1 期

视了传统语法中的"句子性关系从句",认为 wh- 小句是一种继续分句,与前面小句构成并列关系小句复合体,而非主从关系;丁建新(2000)主要重新建构英语小句复合体;程晓堂(2005)重点研究了属于扩展关系的小句复合体系统,并对小句之间真正的逻辑—语义关系进行探讨;廖益清(2006)主要对言语投射、思维投射和嵌入投射三类小句复合体进行及物性、句法和主位分析,并提出新思路;游豪、卢达威(2023)对留学生书面语中的小句复合体类型进行了探讨。上述研究虽然从不同层面周密、细致地探讨了小句复合体的形式与功能,但美中不足的是缺乏从宏观角度即语篇层次阐释小句复合体的意义潜势尤其是小句复合体在构建话语意识形态方面所起的作用。基于此,本章分别以《卫报》《中国日报》和《纽约时报》中有关美国驻军澳大利亚的三篇同题报道为例,主要探讨小句复合体投射系统在英语硬新闻中的形式和功能,进一步揭示了新闻语篇中的小句投射系统往往与意识形态的构建密不可分。

第二节　Halliday 的小句复合体投射系统

Halliday(2008:379-385)在讨论小句复合体的结构时,用了较大的篇幅来讨论小句复合体中小句之间可能存在的各种关系,不难看出,Halliday 在描述小句复合体时主要参照两方面的因素:小句之间的相互依赖关系和小句之间的逻辑语义关系,根据前者我们可以把小句复合体分为并列(paratactic)关系和从属(hypotactic)关系,根据后者小句复合体又可分为扩展(expansion)和投射(projection)两类,其中扩展包括详述、延伸和增强,投射分为言语投射、思想投射和事实投射三种。因此这四个范畴之间的交叉组合就形成了以下四种小句复合体——"扩展并列型、扩展从属型、投射并列型和投射从属型"(何伟、高生文,2011:347)。针对小句复合体投射系统而言,我们拟采用丁建新(2000:45)的观点,将其分为"并列(parataxis)、主从(hypotaxis)和嵌入(embedding)三个子系统",重点考察三种投射子系统在英语硬新闻语篇中的形式和功能。

那么，上述三类投射型小句复合体该如何区分？丁建新（2000：45）认为，"投射的并列与主从之分大致相当于传统修辞学和叙事学的直接引语和间接引语之分。并列投射通常由引用来实现，主从投射通常由报道来实现"，而嵌入则不是小句之间的一种直接关系，它是一种级转移的机制，丁建新（2000：46）强调，在嵌入型小句复合体中，一小句从属于另一小句，也是它的一个成分，且被嵌入成分往往表示事实。因此，如表7-1所示，其中例1是直接引语属于并列投射，主要系统特征为 [并列：命题：话语]，而例2是间接引语应属于主从投射，主要系统特征为 [主从：命题：思想]，例3则是嵌入投射，因为 that he had been defeated 属于一种事实，很容易在它前面加入 the fact 变为 the fact that he had been defeated。其系统特征为 [嵌入：命题：思想：后置修饰语]，斜体部分代表的是投射小句，其余为被投射小句：

表7-1 并列、主从和嵌入投射子系统

1. "I'm hungry," *Tom said.*	
被投射小句	投射小句
命题	言语过程

2. *She wondered* thar they would succeed.	
投射小句	被投射小句
思维过程	命题

3. *He accepted* that he had been defeated.	
投射小句	被投射小句
思维过程	命题

第三节　英语硬新闻中小句复合体投射
子系统之形式与功能

　　"言谈不是我们使用语言的唯一方式,我们同时还会用语言来思考"(Halliday,2008:448),因而我们既会用言语过程来投射命题或提议,也会用思维过程来投射。报道(言语)投射和思维投射在生活中较为常见。在新闻报道中,作为转述言语的直接引语和间接引语会得到广泛应用,究其原因,正如 Fishman(1980:92)所言,这便是新闻的一条基本原则——"某件事如此是因为某个人说它如此"。辛斌(2006:31)也曾指出"使用转述言语的最基本目的是让读者直接或间接地听到各种人物的声音",这样就能从最大程度上增强新闻报道形式上的客观性。

　　2011 年 11 月 16 日,美军驻兵澳大利亚一事引起了中国以及整个国际社会对亚太局势走向的广泛关注,《卫报》《中国日报》和《纽约时报》纷纷撰文报道此事。在这 3 篇同题报道中,我们均发现投射型小句复合体的大量使用,当然至少从表面上体现了遵循新闻客观性的基本原则,殊不知客观性的背后往往隐藏着浓厚的意识形态色彩。在本研究中,我们将重点放在比较投射源(中、美、澳三方当事人以及第三方)上,以期发现投射源的选择与报道者的意识形态之间的密切关系。

一、《卫报》中投射型小句复合体的形式和功能

　　《卫报》使用的标题为 *China Uneasy over US Troop Deal in Australia*(中国对美军驻扎澳大利亚倍感焦虑),使用并列投射型、主从投射型和嵌入投射型小句复合体的频次如表 7-2、表 7-3 和表 7-4 所示:

表 7-2　并列投射型小句复合体出现频次

	中国	美国	澳大利亚	第三方
次数	4	3	1	0
所占比例	50%	38%	12%	0

我们先看三种投射子系统的分布状况。表 7-2 中并列投射型小句复合体共出现 8 次,均为言语投射,由"引用"来实现,全部为直接引语。例如:

4. "The United States is also trying to get involved in a number of regional maritime disputes..." a commentary from China's official Xinhua news agency said.

5. "We welcome a rising, peaceful China," he said.

另外,出现 2 处自由直接引语,我们把它们都归为并列投射,因为"自由直接引语和自由间接引语都是投射现象,且都属于并列投射"(丁建新,2000:45):

6. The Global Times, a communist party paper, said the Philippines... was intent on "grabbing resources from Chinese water".

7. But he claimed that the US will send a "clear message that they need to be on track in accepting the rules and responsibilities that come with being a world power".

表 7-3　土从投射型小句复合体出现频次

	中国	美国	澳大利亚	第三方
次数	4	4	1	0
所占比例	44%	44%	12%	0

表 7-3 中,主从投射型小句复合体出现 9 次,亦全部为言语投射,如:

8. China's foreign ministry questioned the need for the US to strengthen military alliances...

9. Obama insisted, however, that the US was not attempting to isolate China.

表 7-4　嵌入投射型小句复合体出现频次

	中国	美国	澳大利亚	第三方
次数	1	0	0	0
所占比例	100%	0	0	0

表 7-4 中嵌入投射只出现了 1 次：

10. In the last year the Pentagon has also...prompting fears in Beijing that it is engaged in a policy of encirclement...

从并列投射和从属投射的频次来看，报道者在投射源的选择上基本兼顾了当事人——中美澳三方，其中代表中美双方政府立场的投射句出现率大致相当，反映了报道者为追求报道的客观性，力求不偏不倚地转述双方当事人的言语活动，但另一当事人澳大利亚作为投射源只出现了1 次，这不得不令人生疑。

若从小句功能出发这一切便可得到解释：首先表现在澳方政府及支持者没有以投射源的形式出现，完全听不到来自澳大利亚官方的观点和立场，投射源中唯一能与澳大利亚发生关联的两种投射型小句复合体连续出现在最后，分别为：

（1）主从投射：Dr. James Curran, senior lecturer in history at Sydney University, said *this new deployment would help to assuage some of the US allies in the region about China's increasing power*（美军新的兵力部署有助于抚慰美各同盟国对日益发展壮大的中国所产生的紧张情绪）。

（2）并列投射：*"This is a very strong statement that the US is in the region to stay,"*（这强有力地申明美军将会在这一地区长期驻扎）he said.

这两句的投射源均来自澳大利亚悉尼大学历史系的一名资深讲师（senior lecturer），有一定的权威性。从被投射小句可以明显看出，这位澳方资深讲师没有表现出明显的阶级立场和意识形态倾向，既不偏袒美方，也不包庇中方，略显客观。显然他代表的并不是澳大利亚官方的声音，因而我们无法预测澳方政府的立场到底是什么。根据系统功能语言学选择就是意义，形式体现功能的观点，报道者做出上述选择必然体现其一定的政治目的：把澳方责任推得一干二净，要把世界的注意焦点转嫁到美国身上，使读者认为美国才是驻军行动的始作俑者，完全是一厢情愿，其目的就是遏制中国崛起，这是中美之间的私人恩怨（报道者试图表明与澳大利亚没有直接关系）。

其实了解英澳历史的人都知道，澳大利亚曾是英国的殖民地，尽管后来独立，但仍属于英联邦，与英国之间依然有着千丝万缕的联系，在文化心理上有一定的亲近感，因而报道者偏袒澳大利亚不足为奇。其次更为重要的一点是被投射小句"the + 投射名词 + that"属于文体学上的圆周句，"往往给人以学究、凝重、老成的印象"（丁建新，2000：47），而这也是大学教师给人的一般印象，这样无论投射源还是被投射小句的选择，都增强了美国将在亚太地区长期驻军这一命题的严肃性和可靠性，其后果不得不令人深思。

再次从唯一的嵌入投射小句复合体来看，被投射小句 that it is engaged in a policy of encirclement 作为被嵌入成分，要表达的是一种"事实"（Halliday，1994：248），报道者的意图跃然纸上：中国正处于美国及其同盟的包围中，形势已变得岌岌可危，必须马上采取行动打击美国才能有出路，颇有坐山观虎斗，唯恐天下不乱的意味。总之，该报道看似客观公正的背后，隐藏的是报道者的别有用心——千方百计把焦点转移到美方身上，有意偏袒澳大利亚，并试图唤起中方乃至整个亚太地区国家对美国的抵制情绪，对抗美国，从而压制美国，以使如今的"没落贵族"英国能够坐收渔人之利。

二、《中国日报》中投射型小句复合体的形式和功能

《中国日报》使用的标题为 US, Australia Military Relations Get Closer（美澳军事联系更为亲密），其中各类投射小句复合体的使用频次如表 7-5 和表 7-6 所示：

表 7-5　并列投射型小句复合体出现频次

	中国	美国	澳大利亚	第三方
次数	3	5	1	2
所占比例	27%	45%	9%	19%

在该报道中共出现并列投射型小句复合体 11 次,投射源分别来自中美澳三方当事人以及第三方(马来西亚和菲律宾),只有 1 次属于思维投射,其余为话语投射。例如:

11. "Faced with a gloomy global economy, whether broadening military alliances is an effective model for regional integration is worth discussing," he said during a regular news briefing in Beijing.

12. …Clinton said last week in Hawaii, while noting that the alliances are the "fulcrum for our efforts in the Asia-Pacific".

表 7-6　从属投射型小句复合体出现频次

	中国	美国	澳大利亚	第三方
次数	3	2	1	0
所占比例	50%	33%	17%	0

表 7-6 中,从属投射型小句复合体出现 6 次,均为话语投射:

13. In response, Chinese Foreign Ministry spokesman Liu Weimin on Wednesday said renewing historic alliances might not be the best option.

14. Washington is worried about China's influence, said Niu Xinchun…

综合各类小句复合体来看,中方、美方作为投射句的出现率基本持平(中方共 6 次,美方 7 次),它们都很好地体现了各自政府及其支持者的立场——中方认为美澳驻军协议的草率签署会加剧亚太地区乃至世界的紧张局势,会令全球动荡不安;而美方则以维护亚太地区稳定和解决南海争端为幌子,鼓吹其合理性。同时,报道者为增强报道的客观性,还特意选择了澳大利亚总理作为投射源,明确了驻兵计划将于第二年正式生效并会逐年增加兵力这一事实。这些报道者分别通过对三方当事人的言语投射和思维投射,表明了其力求做到客观公正。但新闻报道不可能做到真正意义上的完全客观,难免掺杂一定的意识形态,"意识形态是任何类型的语篇中,甚至科学语篇中都可能存在的一个表义层面,任何社会交流材料都容易产生意识形态性质的解读"(Veron,1971),表 7-5 中出现的第三方投射源就是很好的例证。两处并列投射分别来自马来西亚科技大学一名从事国际研究的 Muzaffar 教授和菲律宾的左翼激进分子 Marjohara Tucay:

15. "I don't think it is good for ASEAN to be so closely linked to the US because Washington has its own agenda as far as this region is concerned," said Muzaffar, a professor of Global Studies at the Science University of Malaysia.

16. "There was nothing mutual in the Mutual Defense Treaty," Tucay shouted.

前者认为东盟若和美国关系如此密切是没有好处的,后者则强烈要求废除美菲两国于1998年签署的共同防御条约,因为他认为这份条约中双方没法求同。报道者将这两处投射置于新闻的结尾处是有特定目的的。马来西亚和菲律宾作为第三方国家,只是指责美国的一个缩影,虽然两者不是直接针对驻军协议,但有含沙射影之效,意在含蓄地告诉读者:美国的所作所为早已不受人待见,因而美澳驻军协议的签署必然违背广大民众追求和平稳定的意愿,必将遭到亚太地区国家和人民的强烈谴责。这样读者就在不知不觉中接受了报道者意识形态的影响。

三、《纽约时报》中投射型小句复合体的形式和功能

《纽约时报》中的标题为 *A US Marine Base for Australia Irritates China* (中国因美在澳建立的海军基地恼羞成怒),各类投射的出现频次如表7-7、表7-8和表7-9所示:

表 7-7　并列投射型小句复合体出现频次

	中国	美国	澳大利亚	第三方
次数	2	5	0	0
所占比例	29%	71%	0	0

在该报道中,并列投射出现7次,全部为言语投射,投射源主要来自中方和美方(见表7-7)。例如:

17. "It may not be quite appropriate to intensify and expand military alliances and may not be in the interest of countries within this region," Liu Weimin, a Foreign Ministry spokesman, said in response to the announcement by Mr Obama and Prime Minster Julia Gillard of Australia.

18. "The United States has no stronger ally," Mr. Obama said.

表 7-8　主从投射型小句复合体出现频次

	中国	美国	澳大利亚	第三方
次数	5	8	0	0
所占比例	38%	62%	0	0

从属投射共出现 13 次,投射源仍为美方和中方,且均属于言语投射(见表 7-8)。例如:

19. ...from Chinese leaders, who have argued that the United States is seeking to encircle China militarily and economically.

20. The president said budget-cutting in Washington—and the inevitable squeeze on military spending—would not inhibit his ability to follow through.

表 7-9　嵌入投射型小句复合体出现频次

	中国	美国	澳大利亚	第三方
次数	0	1	0	0
所占比例	0	100%	0	0

整篇报道中只出现了 1 次嵌入投射,投射源来自美方的报道者(如表 7-9 所示):

21. The president said the moves were not intended to isolate China, but they were an unmistakable sign that the United States had grown warier of its intentions.

无论从并列还是从属投射来看,作为当事人的美方和中方都曾在投射句中出现,似乎也显客观。但不得不提的是,我们的统计清楚地表明美方作为投射源的出现率都明显高于中方,也就是说,报道者更关注美方及其支持者对事态的"主观反思"和"对事实、经验(被投射句)的一种认知的、人际的干涉"(丁建新,2000:47),中方的话语权在很大程度上被剥夺了。而且在唯一的嵌入投射小句复合体中,我们不难发现投射源来自报道者本人,被投射句 *that the United States had grown warier of its intentions* 阐明美国早就对中国的"企图"保持警惕。报道者接下来先后提到了中国的军备投资、航空母舰的研发及南海问题,强加给读者这样一种观点：中国的所作所为扰乱亚太地区的安定，制造紧张局势，而美国作为超级大国，有责任也有义务站出来粉碎中国的"企图"，以维护世界稳定。实际上，中国作为世界上维护和平与发展的重要力量，一直严格遵守联合国宪章，尊重主权和领土完整，从不干涉他国内政，为地区稳定和世界发展做出的伟大贡献是有目共睹的。报道者之所以扭曲事实，完全是为美国政府不明智的驻军决议找借口。总之，针对驻军问题，该报道在投射句的选取上，过于倚重美方及其支持者的一面之词，难免有失公允。这充分说明报道者意在偏袒美国，替美国驻军澳大利亚做说客，代表美国政府的喉舌，以达到蛊惑人心的目的，当然报道中也流露出强烈的反华情绪。

【小结】

通过研究《中国日报》《卫报》和《纽约时报》中三篇同题报道的小句复合体投射子系统，我们会发现报道的客观性呈依次递减的趋势，同时报道者的意识形态倾向逐渐增强。投射句所完成的是"讲话者作为闯入者（intruder）的功能"（Halliday，1978：144）。英语硬新闻中的投射型小句复合体出现频次虽然不高，因为"语篇中投射型小句复合体使用的频率愈高，作者所呈现给读者的便愈是一个投射的世界（projected world）"（丁建新，2000：47），换言之，新闻报道的体裁特点限制了投射型小句复合体的使用，但是我们仍然能通过分析为数不多的小句复合体的功能进而推断出报道者的意识形态倾向。选择就是意义，形式是功能的体现，秉承系统功能语言学的这一基本原则，相信英语新闻意识形态的研究必然会百花齐放。

第八章

特殊主位结构之评价型强势主位 [1]

第一节　引　言

　　系统功能语言学派认为,语言是一种社会符号,是人类社会活动的产物,是一种表意资源。作为人类交际的工具,它承担着各种各样的功能(胡壮麟等,2009)。韩礼德(Halliday,2004)(1985/1994/2004)提出语言的纯理功能,即元功能,并把它分成三种： 概念功能(ideational function)、人际功能(interpersonal function)和语篇功能(textual function)。而语篇属于语义的范畴,语篇功能就是研究如何把语言成分组织成为语篇的功能。语篇功能的实现离不开主位结构,主位结构一直都是系统功能语言学的重点研究内容。Thompson(2004)探讨了五种特殊主位结构——主位性对等(thematic equatives)、谓化主位(predicated theme)、主位化评述(thematized comment)、前置主位(preposed theme)和被动化(passivization),并把这几种特殊主位结构视为主位化手段(张克定,2009)。作为一种主位化手段,主位化评述 结

① 　本章主要内容已刊发于《江苏外语教学研究》2014 年第 1 期

构也被称为强势主位（enhanced theme）（Huang，1996）。强势主位结构通过主位强化语，使其后面的成分得到强化，成为强势主位。英语中有三种强势主位：经验型、评价型和存在型（苗兴伟，2009）。国内学者开展了大量相关研究：邵春（2016）根据辛克莱（Sinclair，2004）的语篇层面理论，提出评价型强势主位结构在自动和互动两个不同层面表达不同的评价功能；田筍、苗兴伟（2011）认为"评价型强势主位结构在媒体语篇中主要实施如下的组篇功能：作为超级主位实施引发功能，过渡功能，作为超级新信息实施总结功能，反馈功能"。此外，黄国文（Huang，1996）、王勇（2006/2011）、邓仁华（2007）、冯玉娟（2011）等先后研究过强势主位结构，对该语法结构有了较为清晰的认知。但略显遗憾的是很少有学者对英语新闻语篇中的强势主位结构进行专门研究。政治新闻的解读是加强媒介素养教育的重要一环。由于篇幅所限，本章重点研究英语政治新闻中评价性强势主位结构的功能，以期提高受众解读英语新闻的能力并对当前的英语报刊教学有所启示。

第二节　评价理论简述

众所周知，评价理论是系统功能语言学在对人际意义的研究中发展起来的新词汇语法框架，它关注语篇中可以协商的各种态度（李战子，2004），它植根于语言的人际元功能，作为系统功能语言学体系里的一个重要理论框架，从语义层面可以细分为态度（attitude）、介入（engagement）和级差（graduation）三个子系统。每个子系统均由相应的词汇语法结构体现：态度系统在整个评价体系中居于核心地位，包括情感（affect）、评判（judgment）和鉴赏（appreciation）三个子系统。其中，情感涉及态度主体或他人的内心感受，包括意愿、开心、满意和安全感四个子系统；评判涉及态度主体对他人行为的判断，是说话者按照社会标准、伦理道德或规章制度对人或其行为做出的评判，包括社会认可和社会约束，又可细分为规范、才干、韧性、诚实与妥当；鉴赏则是态度主体对事物的评估，可分为反应、构成与价值三个子系统。这里每个子系统均有正面值和负面值之分。

Thompson（2012）在其《功能语法简介》一书中也曾指出：评价是任何语篇意义的核心部分,任何对语篇人际意义的分析必须将其考虑在内。由此可见,评价理论在语篇分析中起着举足轻重的作用,分析语篇的人际意义离不开评价功能的探讨。由于评价理论顾名思义考察与价值观密切相关的语言表达,因此对评价的研究有助于解释语篇的意识形态（胡壮麟等,2009）,即评价语言使用者对事态的立场、观点和态度。这里三个子系统的区别在于情感系统往往关注评价者的感情或情绪,而判断系统和鉴赏系统则关注被评价对象的特征（Thompson,2012）。我们在论述英语政治新闻中的评价型强势主位结构时主要参考张克定（2009）对评价功能的详细分类,如表 8-1 所示：

表 8-1 评价功能主要类型（张克定,2009）

评价功能	判断型	事实性/真实性评价 可能性/可行性评价 妥当性评价 建议性评价
	情感型	正态情感评价 负态情感评价
	鉴赏型	正鉴赏评价 负鉴赏评价

他同时认为,判断型评价功能指说话人在言语交际中运用该结构中的评述小句对被评述小句提出的命题或提议所做出的判断；情感型评价是指说话人通过评述小句对被评述小句这一事实或命题所做出的情感或感受方面的评价；鉴赏型评价是指说话人运用该结构对被评述小句所述内容在影响、质量或价值等方面所做出的鉴赏（张克定,2009）。

第三节 英语政治新闻中评价型强势主位结构的功能分析

强势主位（enhanced theme）是通过句法结构而得到突出或加强的

主位形式（Huang, 1996）。苗兴伟（2009）指出英语中有三种强势主位：经验型（experiential）、评价型（evaluative）和存在型（existential）。评价型强势主位可概括为：it is（程度）[性质词：评价性的] that [命题 / 建议]（胡壮麟等，2009），其中 it- 小句一般被称为评述小句，名词性小句属于被评述小句，前者是说话人对后者的评述，从而体现说话人的判断或态度。充当强势主位的成分主要是形容词词组，其次为名词词组和介词词组（同上）。新闻报道语篇中存在大量的评价型强势主位结构，它们的出现使说话人（记者 / 编辑 / 被转述者）的主观评价实现了客观化，隐藏了意识形态，会让读者在不知不觉中接受其观点和立场。我们将以下述政治新闻报道中出现的评价型强势主位结构为例，来阐述其评价功能：

1. Tensions with Japan Increase as China Sends Patrol Boats to Disputed Islands.（中方增派巡逻艇援钓加剧中日紧张局势。）

这是来自美国《时代》（September 14, 2012）的一篇新闻，主要就中日钓鱼岛争端升温进行报道。从标题来看，转述者（记者 / 编辑）完全站在日方立场，认为中方采取了不理智的行动，应该为中日紧张局势买单。钓鱼岛自古就是中国的领土，中国采取适当行动完全是为捍卫主权，实属天经地义。然而，在整篇报道中，转述者始终站在日方立场，意在谴责中方。为增强其权威性和客观性，报道中出现了多处被转述者的声音（直接引语），但细心的读者会发现，这些被转述者主要来自亲日人士，属于圈内人，完全是一厢情愿。相反，中方被转述者的话语几乎没有，因而该语篇的客观性大打折扣。但是至少从语言形式上看，如直接引语的使用，该报道还是在尽量使其"客观"。作为实现报道客观化的重要手段，除了直接引语，就不得不提强势主位结构形式。该语篇中共出现 2 处典型的评价型强势主位结构（评述小句已用斜体注明），分别为：

例（1）It is *deplorable* that the invasion of the territorial waters happened at this time and we strongly request that the Chinese authorities leave our territory.

例（2）Japan's central government, feeling that it would be less provocative to have the islands in its possession than under the control of the aggressively nationalist Ishihara, bought them instead.

两句话均出自日方政府之口，其中例（1）评述小句中的评价性词语

"deplorable（遗憾的,可叹的）",是说话人——日本内阁大臣对嵌入小句 "the invasion of the territorial waters happened at this time." 做出的情感方面的评价,属于负态情感评价,往往表达说话人对某一事实或命题主观上的不认同或蔑视。例（2）中评价型词语 "less provocative（不挑衅性的 / 不煽动性的）" 是说话人——日本政府对被评述小句 "to have the islands in its possession than under the control of the aggressively nationalist Ishihara" 做出的判断方面的评价,引文说话人的判断是针对被评述小句的重要性或必要性（相比由极端民族主义者购买而言,由日本政府全权负责钓鱼岛应该比较稳妥）而应该付诸实施（日方接管）,因此该判断属于建议性评价,即通过该结论,让中方同意日方的建议。上述两例中,本应作主语的嵌入小句后置,符合语言信息组织的末端重量（end-weight）原则,而同时将表达评价意义的小句置于句首,使评价成分成为理解嵌入小句的出发点。正如 Collins（1994）认为,说话人使用强势主位结构将情态意义客观化,使其前景化,从而将自己的观点强加给受话人。这种结构掩饰了评价意义的来源,容易让受话人（读者）误认为评价是 "客观的",即 "deplorable" 和 "less provocative" 分别是上述两种事态的一种特性。这样说话人便能误导受话人,接受其意识形态的影响。殊不知,这种评价只是源自日方,缺乏足够的说服力。

2. Japan Says Chinese Captain to Be Released.（日本宣布将释放中国船长。）

标题来自《纽约时报》（September 24,2010）,主要关于日本非法扣押中国船长,然后在中国政府及世界舆论等各方面压力之下,又不得不宣布释放扣押人质的报道。从标题来看,美国记者看似中立,尤其是转述动词 "says" 的出现,辛斌（2007）认为,在英语里 "say" 一词在感情色彩上属中性,是最常用的转述动词之一。"say" 的使用貌似客观,但往往不能充分表达原话的风格。但如果考虑到该报道中出现的 2 处评价型强势主位结构,其用心便可昭然若揭:

例（3）It was unclear if Tokyo had decided to give into China's demands, or even if central government officials had any hand in the captain's release.

例（4）It was unclear whether those arrests were linked to the detention of the captain.

显而易见,两处的 "unclear（不清晰）" 均是对被评述小句存在的可能性或可行性的判断,属于判断型可行性评价。评价成分"unclear"作为理解嵌入小句的出发点,受到前景化的影响,颇显"客观"。实际上,我们知道日方迫于各方面的压力,官方正式同意释放扣押人质,应该说是比较明朗清晰的。但美国记者却别有用心,不愿意看到中国经济的崛起(仅列美国之后的世界第二经济大国),并且通过评价型强势主位结构,使自己的主观判断客观化,让读者不知不觉受其影响,认为这两起争端的最终解决存在较多变数,怂恿更多人来关注事态的进展,让中日政治关系再次蒙上阴影,以遏制中国经济发展,有唯恐天下不乱之嫌。中国的强大一直让西方国家感到惴惴不安,而中日之间冲突不断则是西方反华势力所希望看到的。

3. The World Hopes for Its First President.(全球翘首企盼第一位总统)。

该标题来自美国《新闻周刊》(November 1,2008),是关于美国2008年总统大选的报道。当时作为候选人之一的奥巴马因其人格魅力和改革派的形象深入人心,就像好莱坞明星一样吸引着全世界的眼球,呼声极高。如报道所言,在国内,无论是白人、黑人、亚裔人、西班牙裔人都倾向于奥巴马,在国外,亚洲人支持他,因为他在印尼度过的童年,非洲人接受他,因其有肯尼亚的生父,中东人喜欢他,因为他的中间名。总之,大家都对奥巴马的期望值极高。但该报道的转述者却对此较为理智,尤其在结尾部分,他认为世界人民所需要的是一位甘地式的美国总统,既能为被压迫阶层代言,又是他们当中的一员,太理想化了,这即使在奥巴马当选之后也很难实现,因此对奥巴马的期望值不可过高。语篇中共出现 3 处强势主位结构成分:

例(5)It's very clear who they are interested in:Barack Obama.

例(6)By the final days, it was as if the world and America were talking about two different elections.

例(7)...but to have missed a historical chance for which it's hard to find a precedent or parallel in any country...

三种结构都属于判断型评价,其中例(5)"very clear",是对被评价成分"who they are interested in"命题的肯定性(可行性)评价,使得评价意义(very clear)成为理解被评价成分的出发点,转述者的主观判断被客观化,在报道了亚洲、非洲以及欧洲对美国大选的反应后,顺理成章地用这种主位结构形式较含蓄地表达了自己的看法,容易让读者接受其立场,即大家都喜欢支持奥巴马,并非出自个人见解。

例(6)属于省略了评价成分的事实型评价,苗兴伟(2009)认为,当领句中的评价成分不言而喻时,不需要在领句中体现出来,不难发现,"it was"之后省略了"the case",紧随其后的两段语篇也有力证实了该观点,即美国国内和国外对选举的态度是迥然不同的:美国民众完全以平常心对待这次大选,觉得和以前的大选一样,属于驴象之争,无论民主党抑或共和党哪一方胜出,他们都能坦然接受;而国外,尤其在欧洲、亚洲等地,大选则显得轰轰烈烈,因为人们对奥巴马的狂热,认同他和上述地区有着千丝万缕的联系。人们都把赌注压在奥巴马身上,认为他会变成美国第44任黑人总统,会彻底改变美国200多年来绝大多数时期都由白人执政的政治状况,是他们的希望之星。通过这两段的详细报道,转述者意在向读者传达这样的信息:国内外对待大选的不同态度确实存在,完全是从客观的角度看待问题,没有主观性的判断成分。同样我们会发现,该结构也使得转述者的主观判断显得比较客观,易于得到认可。

例(7)"hard"属于对被评价成分这一提议的可能性评价,这里的被评价成分属于非限定小句,主要体现为动词不定式结构和动名词结构(苗兴伟,2009)。世界人民认为一旦共和党取胜,那就不仅意味着布什执政时期的痛苦还要继续下去,而且还丧失了一次开创历史先河的机遇,即少数被压迫者的凯旋,当然这里的"precedent"或"parallel"是指与奥巴马有相同境遇的候选人。历史的长河中确实存在以少胜多的案例,但在总统选举中少数(如美国黑人)战胜多数(美国白人)的候选人极为罕见,美国在此之前绝无仅有。通过评价成分"hard",转述者意在表明:任何国家史上确实难以找到这样的先例,何况奥巴马。但考虑到"hard"之前没有出现任何诸如"very"等表程度的副词修饰语,转述者在评述时似乎留有余地,是可以协商的。即尽管在别的国家很难出现,但这次可能会在美国发生。事实也证明的确如此,奥巴马成功当选。无论如何,该结构使转述者的主观评价颇显客观,其目的明确:既降低了转述者的责任感,又能让读者于不知不觉中接受其立场,与其达成一致。在上述三处评价型强势主位结构之后,也就是报道的结尾部分,才算是点睛之笔,尤其最后三句:

① That may be too much for any president to deliver.

② Indeed the world may be setting itself up for a rather rude awakening when an elected Obama proves far more pragmatic, less progressive, than expected.

③ But taking their cue from the title of his second book, the people of the world he addressed that day have invested in him the audacity of their hope.

这些都属于转述者的主观评价,以较直接的方式告诉读者:即使奥巴马成功当选,他能否如世人所愿去履行职责,兑现诺言仍是个问题,因而不应对此怀有太大期望。整个结尾部分由 8 句话组成,虽均未出现评价型强势主位结构,但由于它们出现在 3 处强势主位结构之后,容易在心理上进一步蒙蔽读者——该部分仍然和强势主位结构有关系,属于较客观化的评价,会让读者想当然地认可这种评价,尤其对奥巴马的狂热支持者而言,于不知不觉中接受这种立场,而不致引起他们的反感。

【小结】

通过分析美国《时代》《纽约时报》和《新闻周刊》中政治新闻报道的评价型强势主位结构,我们不难发现,该结构使评价意义成为理解嵌入小句的出发点,掩饰或省略评价意义的来源,使评价意义显得客观、普遍,容易让读者在不知不觉中接受转述者意识形态的影响。在英语报刊阅读中,必须重视评价型强势主位结构的分析,才能让受众学会进一步解读作者的思想观点,有助于培养受众的批判思维能力,使其真正读懂报刊,而不是盲目接受其意识形态的影响。本章只研究了三种强势主位之一的评价型强势主位结构的功能,至于经验型和存在型两种强势主位结构,我们将在以后的研究中陆续考察。

第九章

批评认知话语分析 [①]

第一节 引 言

何为话语？一般而言,话语是指"在特定语境下的语言使用,即特定语境下的语篇"(施旭,2017：2)。批评认知语言学是批评话语研究的一个分支,同时也是认知语言学的一个分支(张辉、张艳敏,2020：629)。批评性语篇分析产生于20世纪70年代末80年代初,主张"语篇不可能脱离意识形态而独立存在,语言形式结构不存在任意性"(Wodak,2001：3),逐步发展为语言学重要的研究范式之一。它的方法论主要建立在韩礼德(Halliday)的系统功能语言学上,当然也不排斥其他语言理论。认知语言学作为语言研究的另一种范式,"诞生于20世纪80年代,成形于20世纪90年代,旨在通过对人类语言的创生、演化、学习和使用的规律与本质的透视,力图揭露人类对客观世界的认知过程和认知方式,借以探视人类思维奥秘"(王文斌,2020)。时至今日,批评话语分析理论得到了广泛应用,国内外众多学者纷纷对非文学

[①] 本章主要内容已刊发于《鲁东大学学报》(哲学社会科学版)2018年第1期

性语篇进行了批评性语篇分析,他们重视语篇的社会性和思想性,注重参与者之间不平等的地位、权力和社会身份,有利于发掘语篇中含而不露的意识形态。由于"批评语言学家一般反对人文科学中的科学客观主义倾向,认为理解和解释完全排除解释者自身的历史性是难以想象的"(辛斌,2005:173),因此批评性语篇分析也饱受了不少争议,其中不乏一些来自国外著名学者(Billig,2008;Chilton,2005;Stubbs,1997;Widdowson,2004)的中肯建议,而 Widdowson 的观点颇受关注。Widdowson(2004:103)认为批评性语篇分析只能属于"批评性语篇解释",主观性(subjectivity)太强,此外他还认为存在过度解释(over interpretation)(Widdowson,2004:108)。

综观国内研究亦是如此,众多研究者主要考察语篇应用的社会层面,很少有涉及语篇生产者的认知等心理层面。众所周知,认知和语篇之间存在密切关系,苗兴伟(2006:45)曾指出"我们既可以通过语篇来研究认知,也可以通过认知来研究语篇"。随着语言学理论的不断发展,批评话语分析的研究方法也在逐步完善,其中引进认知的呼声最高,对此,有学者强调:语言的结构和过程在形式上并非纯粹是命题的和计算的,而是概念的和想象的(Hart,2019:2)。Van Dijk(2001)也坚持认为对社会认知的忽视一直是批评语言学和话语分析的主要理论缺陷之一;Chilton(2005b)也指出认知是许多批评语言学研究中缺失的连接(missing link)。Hart(2014:41)则认为"可以引进认知语言学的相关理论以降低解读时的主观性"。国内学者辛斌(2012:1)明确指出"话语分析不仅需要社会视角,也需要认知视角,这是批评话语分析研究进一步发展的方向";汪徽、张辉(2014:13)认为"批评性语篇分析主流研究长期忽略了认知在话语产出和理解中的作用,成为批评性语篇分析的局限性之一"。此外不少学者主张批评话语分析和认知语言学应互为补充、相互融合,建立与发展认知批评语言学(Baker et al. 2008;张辉、江龙,2008;张蕊,2015)。张辉、张艳敏(2020:628)曾指出:"近年来,批评话语研究与认知语言学呈现融合态势,两个领域的交叉研究悄然兴起,形成了批评认知语言学,并在国际学术界受到愈来愈多的关注,成为研究热点之一"。然而,学界主要从理论角度论证了对语篇进行认知批评分析的必要性,却很少关注其在具体操作中的可行性。本章以 Christopher Hart(2014)的认知视角为理论框架,以《华盛顿邮报》和《卫报》中对 2015 年美国巴尔的摩骚乱的两篇同题报道为语料,主要从意象图式和空间观角度分别对语篇进行批评性分析,阐释了认知模型对揭示报道背后隐藏的意识形态的实际可操作性,从而丰富批评性语篇分析研究。

第二节 Hart 的意象图式和空间观

一、意象图式

意象图式是认知语言学中最重要的概念之一,简单来说,"意象图式是为了把空间结构映射到概念结构而对感性经验进行的压缩性地再描写"(李福印,2007:81)。王寅(2012:82)亦指出意象图式是人们对客观世界互动体验而成的前概念,是范畴、概念、意义、隐喻、认知模型、句法结构等的基础。Hart(2014:113)认为,"意象图式本身不是意象,是一种抽象结构,来源于人体在外部空间世界中具有一些结构共同点的活动,具有体验性"。

综上所述,我们可以认为,意象图式来自人们对世界的观察以及二者之间的互动,它出现于一些基本的经验领域如行为(action)、外力(force)和移动(motion),从而使我们能够在有限的具体模型范围内解读世界,它能够引领我们去合理解读语篇。意象图式构成了概念系统的基础。Hart(2014:114)进一步提到,意象图式有助于"界定场景的结构特征并由此把场景归类为特定的一种。从认知角度来看,语言具有提供可供选择的意象图式来使同一场景概念化的能力,因而往往强加给场景一种含而不露的意识形态解读,这套能够解读既定场景的意象图式和可选择的立场便共同形成了以供说话者选择的认知语法"。这种语法可分成不同的语义领域,以便于说话者谈论行为语法、外力语法和移动语法。

二、空间观

Hart(2014:123)认为,"语篇中的定位(positioning)策略主要涉及文本把读者操控至场景中被合理概念化的特殊位置,定位从根本上讲与空间有关,体现为语法建构中的空间定位,而特殊的语法建构如信息结构、语态转化以及名物化则会体现说话者的空间观,也会暗含一定的意识形态",从而影响接受者对场景的解读。在具体语篇中,Hart(2014:124)认为,我们会接触到意义的两个维度:事件结构(event structure)与观点(point of view),二者共同影响读者对所发生事件的解读。此外,语篇中经常出现两种空间:事件空间(event space)和基体空间(base space),前者使事件结构概念化,后者是其他各种空间得以建构的基础空间(grounding space)。基体空间和事件空间共同构成事件模型(event model)。在此基础上,Hart(ibid.)提出了其认知语法观,主要由分别体现于两个交叉平面的值(value)组成,即定点(anchor)和角度(angle),详见下图(Figure 9-1):

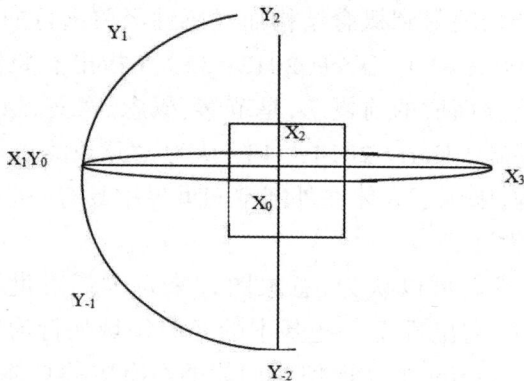

Figure 9–1   Idealized cognitive model for points of view

如图所示,由 X_1 到 X_3 的弧线表示水平面上的视角潜势, Y_2 到 Y_{-2} 体现了垂直面上的视角潜势,这种认知模型在语法中以不同方式得到了广泛应用。

第三节   新闻报道中的意象图式和空间观模型建构

2015 年 4 月 28 日,美国巴尔的摩市数千人参加在被警方拘留期间发生死亡的 25 岁黑人男子格雷的葬礼后,多个街区爆发骚乱、抢劫和暴力冲突,巴尔的摩一度进入紧急状态。一石激起千层浪,世界各国主流媒体纷纷于第一时间对此进行了详细报道。其中美国《华盛顿邮报》和英国《卫报》分别用下述标题进行了相关报道:

After a night of rioting in Baltimore, fear of violence leads to closures(夜间骚乱导致停业)

(Washington Post, April 28, 2015)

Troops roll in to Baltimore as Obama urges US to start 'soul-searching'(奥巴马督促美国自我反省,军队大量涌入巴尔的摩)

(Guardian, April 28, 2015)

从 Hart 认知观来看,两篇同题报道建构了不同的意象图式和空间观,从而导致不同的意识形态解读。下面我们将对二者进行详细对比。同时为保证研究的有效性,我们主要考察报道中与骚乱主题有直接关系的陈述式小句,不考虑转述引语的使用。

一、《华盛顿邮报》和《卫报》中的意象图式分析

首先我们将观察报道中的行为图式,两篇报道中均出现典型的行为过程。Hart(2014: 115)认为,在行为事件中会出现施事者(agent)和受事者(patient)之间的能量转移,施事者指处于能量流上游的参与者,是能量转移的源头,与之相反,受事者是处于下游的参与者,是能量转移的目标。此外,行为事件还涉及另一参与者主题(theme),即"由施事者到受事者的能量转移要依赖起能量传递器作用的主题来完成"(ibid)。下面我们将对两篇报道中出现的主要行为事件进行分析:

1. Shortly after 2 p.m., [people agent] in a gathering crowd [began hurling action] [bottles and traffic conestheme] at a line of [police patient] in riot gear.(Washington Post, April 28, 2015)

2. [Police agent] [shot action] at [rioters agent] throwing bricks and bottles with[teargas, rubber bullets and pepper ballstheme]. (Guardian, April 28, 2015)

例 1 中,当地民众被视为施事者(agent),作为动作的发出者,是对该行为直接负责的参与者(participant)。此外,该过程还涉及第三方参与者,即由酒瓶和锥形交通路标所构成的主题(theme),是它把施事者的能量完全转移到受事者(patient)身上。该过程属于 Hart(2014:

118）提出的非对称行为图式，如下图 Figure 9-2 所示：

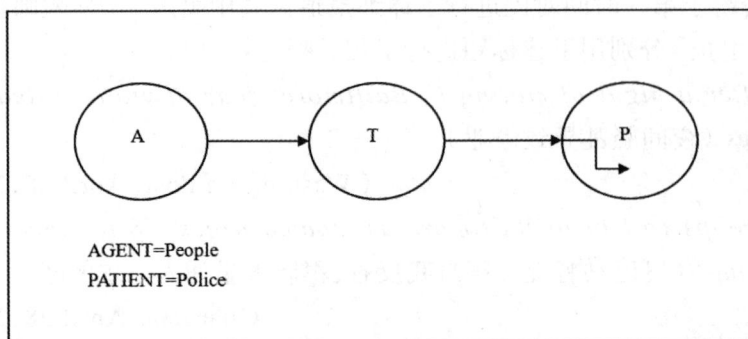

Figure 9-2　Asymmctrical ACTION shcma with THEME

其中 A 为 AGENT，P 为 PATIENT，T 为 THEME，直式箭头体现了参与者之间的能量转移，阶式箭头代表互动的结果。作为投掷动作（hurling）的发出者，民众被刻画成不理智、非法的暴力形象，是该行为的始作俑者，而警察既是受事者，也是受害者，没有采取反抗行动。聚众滋事的民众向原地待命的警察投掷酒瓶以及锥形交通路标进行人身攻击，不断释放危险信号。因此在《华盛顿邮报》中，警察属于维护正义的合法形象，而民众是非法形象。尽管如此，该报道也同时暗示我们：当前冲突并没有如外界所传的那样严重，毕竟民众使用的只是一些发泄私愤的普通手段，何况还有警察在竭力安抚他们，维护秩序。

例 2 中，警察则为施事者，骚乱者（民众）为受事者，也是非对称行为图式，如下图 Figure 9-3 所示：

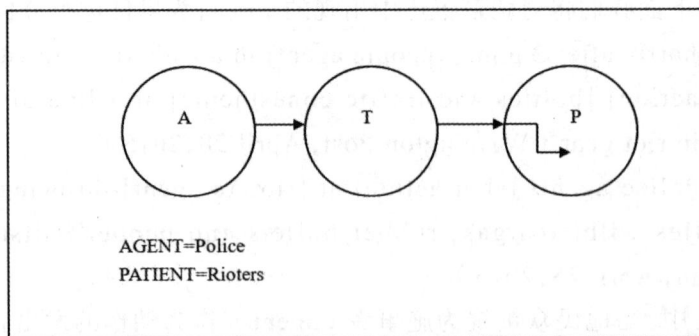

Figure 9-3　Asymmetrical ACTION shema with THEME

显而易见，英国《卫报》展示给我们的是如下信息：警察属于动作过程（shot）的主要执行者,他们也通过第三方参与者即主题（theme）来实现对受事者——骚乱分子的能量转移,即通过向手持酒瓶砖块的民众发射催泪弹、橡胶子弹以及胡椒球等各种手段进行打击,恫吓民众,以达到制服民众的目的。警察通过这一主动行为必将对民众产生很大威胁,至少会导致他们受伤。因此,在这里报道者把警察的行为当作不理智的和非正义的,是在耀武扬威,并不择手段地打击报复民众,相反对遭受打击的民众却显露出一定的同情心。

再看两则报道中的外力图式:

3. [Policeant] in riot gear [stoodforce] there deep, blocking North Avenue along the west side of the intersection, but they too appeared calm behind their shields and next to an armored vehicle.

（Washington Post, April 28,2015）

4. About 1,500 US national [guardant] troops lined the streets and [residents ago] were [ordered force]to stay inside their homes once a 10pm curfew went into effect...

（Guardian, April 28,2015）

Hart（2014：115）认为在外力事件中,不存在能量由施事者向受事者的转移,而是作为一方参与者的主角（agonist）能否摆脱限制而自由活动,这种状况则取决于他与另一实体即对手（antagonist）的关系。因此,对手是积极的参与者,他将施为于被动的主角。就双方交涉的结果而言,主角要么保持被动,要么被激活。用外力来解读事件,会减轻过程的紧张氛围,事件也会因而变得缓和而不暴力。但同为外力图式,报道者意欲达到的目的也会因人而异。

由例3激发的图式如下图 Figure 9-4 所示:

其中抗议民众作为主角,其位置完全取决于作为对手的警察。在上面图式中,Hart（2014：116）指出,"〈符号〉表示抗议者的内在暴力行为倾向,但它已被对手有效制止,以符号＋表示,事件的结果便是停滞,以O表示"。不难发现警察在该事件中所起的作用就是挺身而出维护公共秩序,保护当地群众的生命财产安全。尽管属于被动防御,但他们能及时有效地控制骚乱局势,集中反映在动词 stood（站岗）和形容词 calm（淡定）的使用上,让读者丝毫感受不到骚乱的紧张和危险,此时警察展示出来的是正义、威严、临危不乱和训练有素。反观事件主角——骚乱民众则被刻画成蠢蠢欲动,意图制造混乱的非法挑衅者形象。

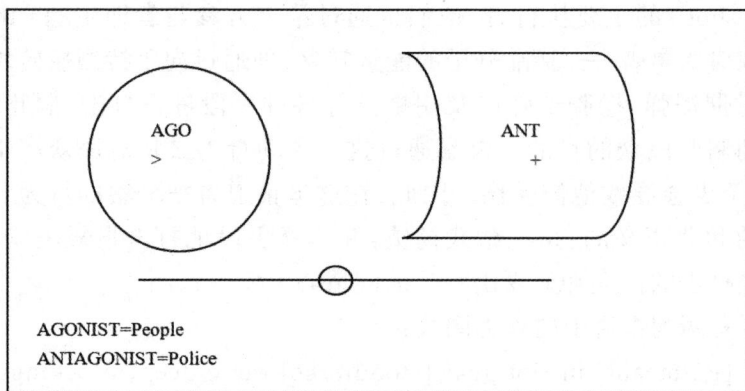

AGONIST=People
ANTAGONIST=Police

Figure 9-4　Force schema

例 4 中的"ordered"在概念上相当于"forced",引发的外力图式如下图 Figure 9-5 所示：

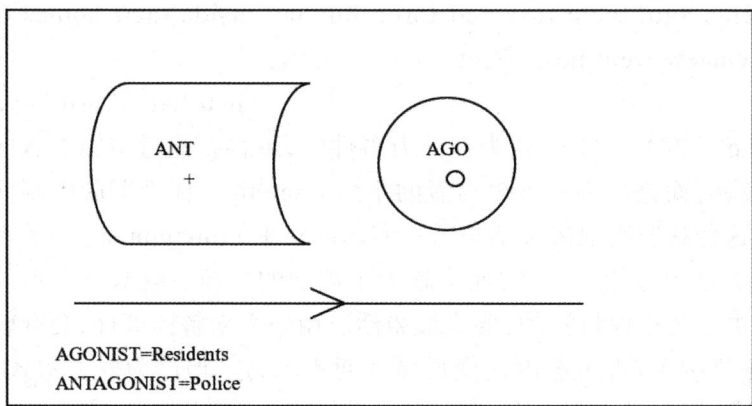

AGONIST=Residents
ANTAGONIST=Police

Figure 9-5　Force schema

虽然当地民众仍为主角,警察还是其对手,但是报道者意欲传递的信息却和《华盛顿邮报》截然相反。警察作为执法者竟然命令无辜的当地居民在晚上 10 点钟之后不得外出,颇令人费解。警察理应以维护社会治安为本,尽职尽责,善于处理各种突发状况,但在巴尔的摩骚乱面前,他们却显得草木皆兵,束手无策,如若惊弓之鸟。只能向手无寸铁的当地老百姓发号施令,颐指气使,肆意践踏他们基本的生活权益。如此,警察就变成了主动地制造事端,完全不顾群众感受,我行我素,滥用职权以此制服当地民众的野蛮形象,群众则属于遵纪守法,唯唯诺诺的被动形象。尽管这种外力也能达到恐吓、镇压民众的效果，但于情于理都是值得商榷的。

此外，事件还可以解读为与移动过程有关。二则报道中涉及的主要与移动有关的小句如下所示：

5. Malls, museums, courts, federal offices, universities, shops and a baseball stadium all locked their doors out of fear that the mayhem would resume—and potentially spread—despite the hundreds of National Guard members and police officers[pouring into motion] the city.

（Washington Post, April 28, 2015）

6. As heavily armed soldiers [continued rolling into motion] the city in armoured vehicles on Tuesday, embattled authorities in Baltimore were struggling to control a growing crisis in their city, long notorious for urban blight and accusations of police brutality.

（Guardian, April 28, 2015）

Hart（2014: 116）认为，"移动事件和外力事件类似，它们都能缓解事件过程的紧张氛围。重要的一点就是，移动事件是非流通性的，在生命实体间没有交流，而是一方参与者即运动者（trajector）（同时也是施事者）的运动路线，被描绘成与地标（landmark）发生关系（如向地标移动，远离地标或围绕地标）。在移动事件中，矢量代表的是空间上的移动轨迹而不是能量的转移。"

例5与例6激发的移动图式分别如下图 Figure 9-6 和 Figure 9-7 所示（阶式箭头都表示移动过程对地标的影响）：

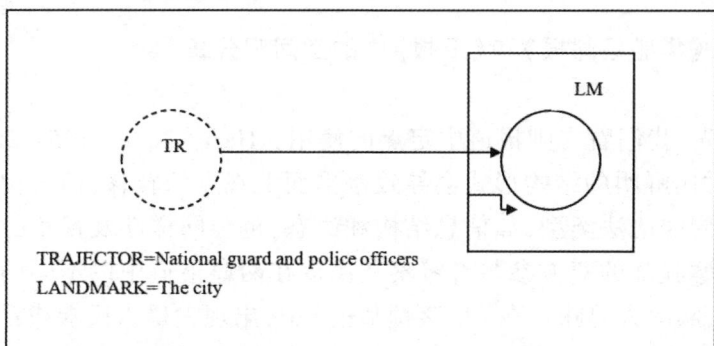

TRAJECTOR=National guard and police officers
LANDMARK=The city

Figure 9-6　MOTION schema

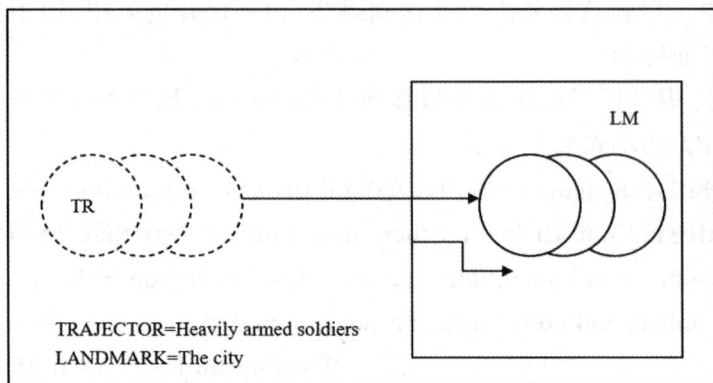

Figure 9-7　MOTION schema

在 Figure 9-6 中,报道者欲向读者传递的是美国政府的决心和信心:为了履行职责,维护当地的安定团结,大量士兵和警员进驻巴尔的摩必将有效地控制住该地区的骚乱局面,这好似给提心吊胆的广大民众注射镇静剂,让他们相信政府部门完全有能力解决这场冲突,同时对骚乱分子也会产生巨大的震慑作用。

在 Figure 9-7 中,报道者传达的却是担忧和蔑视:随着全副武装的士兵驾驶装甲车持续不断地涌入本市,会使该地区的紧张局势不断升级,就像大战来临前夕一般,这会让广大民众惴惴不安,更会给巴尔的摩市的未来蒙上一层阴影。与此同时,报道者对政府的这一举动感到不以为意,认为相关部门不从源头上解决问题,如警察的暴力以及种族歧视等,而是耀武扬威,只知道吓唬当地民众,缺少足够的应变能力。

二、《华盛顿邮报》和《卫报》中的空间观分析

首先,我们看二则报道中定点的使用。Hart（2014：125-126）认为"一些对比鲜明的结构形式会导致水平面上观点的转移,而结构当中的一些不同的语法类型,如信息结构和语态,也会同样涉及视角的变化"。巴尔的摩骚乱的双方参与者警察和民众在两篇报道中以不同的视角呈现出来,颇耐人寻味。在《华盛顿邮报》中,出现大量以民众或示威者为施事者的小句,如:

1. Peaceful protesters quickly linked arms and some raised hands to try to quell the outburst.

2. The crowd swelled into the hundreds, some shouting "black lives matter" through bullhorns, others singing and beating drums, still others in prayer.

3. People in one group knelt on one knee just steps from the CVS pharmacy.

而在《卫报》中,我们却发现了许多以警察或军队为施事者的小句的频频出现,如:

4. The military deployment proceeded as activists warned of a critical moment.

5. Police have declined for more than a week to explain how Gray suffered his injuries.

6. About 1,500 US national guard troops lined the streets and residents were ordered to stay inside their homes once a 10pm curfew went into effect。

非对称式(asymmetrical)是以上小句的共同点,因为报道者关注的只是单方参与者。上述小句在各自报道中激发的事件模型是共同的,可用下图 Figure 9-8 表示:

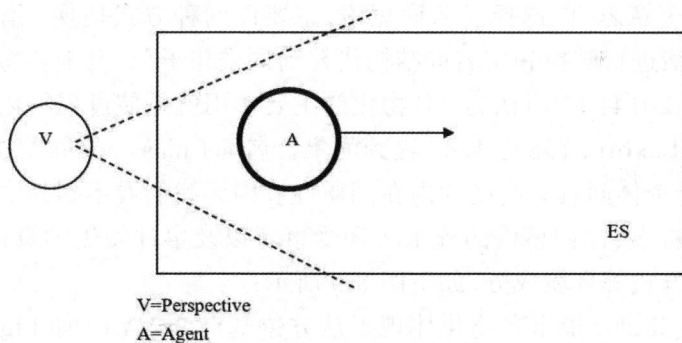

V=Perspective
A=Agent

Figure 9-8　Event Model

根据 Figure 9-8,无论上述 6 个主动语态小句的事件过程如何,报道者的观察视角都应在 PoVX1 处,分别与各自过程的施事者(参与者)相一致。具体而言,《华盛顿邮报》中报道者的观察位置与民众或示威者无限接近,而《卫报》中报道者的观察位置则接近警察或军方。正如 Hart(2014:128)所言,"在主动语态中,施事者作为突出的实体容易获得概念上的突显性",上述小句中的各施事者同时也是各句的主语,

Halliday（2014：117）指出小句主语是对命题有效性负责的成分。也就是说，前者之所以把民众或示威者作为最接近的参与者（同时是主语），意在引起读者对他们行为的关注，关注他们是如何扰乱社会秩序的，视民众为始作俑者；相反，后者认为这起冲突中首当其冲的应是政府部门（警察和军队），关注他们是如何大动干戈来镇压民众反抗。

其次，我们探讨一下报道中角度的利用。Hart（2014：129）指出，"角度中视角的变化主要以转喻（metonymy）或名物化（nominalization）的形式体现"。囿于篇幅，我们只考察两篇报道中与骚乱事件密切相关的两个名物化结构（tension/deployment）：

Tensions flared again briefly Tuesday at the intersection of Pennsylvania and W. North Ave., the scene of some of Monday's most intense rioting.

（Washington Post，April 28，2015）

The military deployment proceeded as activists warned of a critical moment.

（Guardian，April 28，2015）

辛斌（2005：79）认为，"名物化指说话者本来可以用动词结构或句子表达某个意思，但选择了名词短语，主要以两种方式呈现：添加适当的派生词缀进行转换和用名词结构代替动词或句子"。至于名物化的功能，Hart（2014：130）认为"名物化的主要作用就是使过程物化和神秘化"，这与 Lakoff（1987：428）提到的集合名词（mass nouns）的功能一致，即赋予个体间具有高度的内在同质性。因为我们看不到其中相关个体的各自特点，比如事件的施事者和受事者以及事件发生的具体时间、地点以及方式等环境成分，如下图 8-9 所示：

Hart（ibid.）指出名物化体现了从方位基点 PoVY1（如 Figure 9-1 所示）观察事件的视角，也就是从较远的距离整个事件顶部来鸟瞰，会导致我们无法关注细节。例 1 中 tension 的使用是典型的名物化（性质变为实体），从概念上讲，代替的是如下小句——The situation became tense enough in Baltimore as... 报道者使用名物化代替小句的用意显而易见：虽然家丑不可外扬，但这毕竟已不是秘密，实属无奈之举，因此只得使用名物化以掩饰局势紧张的原因，以维护警察以及政府形象。例 2 中 deployment 的使用亦是如此（过程变为实体），它代替的是如下小句——The military troops began to deploy in Baltimore because... 由于不断发生纵火抢劫等暴力案件,巴尔的摩骚乱事件加剧,当地警察疲于应对,只能求助美国军方派兵增援。这样报道者采用名物化的方式就能有效地掩盖派兵的主要原因——部分民众的过激行为所致,从而特意把焦点转移到抽象的实体上,忽略其他细节,意在为民众推脱责任,并以此影响受众。王振华(2016:761)也认为,"名物化网络能调动语言使用者和语篇受众共享的价值观,达到联合、结为同盟的目的,实现人际化作用"。

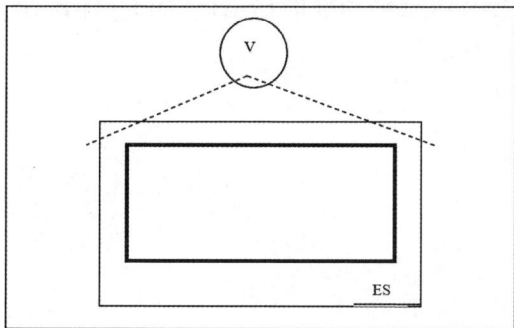

Figure 9-9　Nominalization

【小结】

认知源于人类的普遍经验,认知语言学代表一种研究范式,它把人们的日常经验看成是语言使用的基础。本章以 Hart 的意象图式和空间观模型建构为视角,分别对《华盛顿邮报》和《卫报》中的两则同题新闻报道进行了认知批评性阐释,从认知模型建构中我们不难发现报道者的意识形态倾向:前者站在美国官方的立场上,千方百计把注意焦点转移给民众并把他们推至舆论的风口浪尖,尽力维护当地警察以及政府形象;后者则站在民众的立场上,视当地警察/军方为众矢之的,以共同声讨他们的暴行。总之,从认知的角度对语篇进行批评性分析是一种有益的尝试,是切实可行的。王寅(2012:20)指出:"认知语言学旨在挖掘语言背后的人性特点和人本要素,着力探讨语言如何通过体验和认知形成的,分析语言表达背后的认知机制,透析出人们认知世界的基本方法",因此相比传统意义上的批评语篇分析而言,建立在人类共同认知模型基础上的语篇研究则会避免把分析者的个人阐释预先强加给读者,从而有效地降低主观性和过度解读,使得语篇分析更趋科学、合理,说服力更强。当然,认知语言学并不是一种单一的语言理论,而是多种认知语言理论的统称。我们仅探讨了意象图式和空间观对报道者意识形态建构的重要作用,还没有关注其他认知的重要原则如概念整合、隐喻转喻等的应用,管中窥豹,我们相信认知理论会对未来的批评性语篇分析做出重要贡献。认知语言学和批评语篇分析都具有各自的理论特色,同时也都有理论上的缺陷,没有必要厚此薄彼。在后现代哲学影响的大背景下,二者的融合必将推动当前的语篇研究和文体研究。

第十章

视觉语法观下的多模态文体分析

第一节 引 言

张德禄（2015∶1）指出："随着语篇分析理论的发展，人们越来越清楚地认识到，语篇的意义不完全是由语言本身体现的，而是同时由多种非语言模态来体现，如手势、表情、语境中的事物、讲话者和听话者共知的事物等"，因此，21 世纪的语篇分析须将多模态路径纳入考察范围，只有这样，才能更全面、更充分地解读语篇，新闻语篇亦然。新闻的解读离不开意识形态。英国兰卡斯特大学语言学系 Christopher Hart（2014∶2）曾指出："在语言文学领域，意识形态即是视角，是一种对事物本来面目的特殊解读，当语言被用来彰显某种视角时便具有了浓厚的意识形态色彩"。毋庸讳言，客观性是新闻语篇中的重要原则，因为"没有客观性，报道就要丢掉可信性，也就会失去读者"（端木义万，2006∶6）。然而新闻语篇又不可能是纯粹客观的，它在传播过程中总是带有较强的主观印记。Jan Renkema（2009∶266）认为："新闻就是观点的呈现，客观性是无法达到的，报道者不可能完全中立"。中国学者辛斌（2007∶84）也进一步指出，"新闻报道是一种社会实践，而新闻语篇是这种实践的产物，它们跟任何其他类型的语篇一样包含或反映着其生成者的立场和观点，因而不可能绝对不偏不倚地反映客观事实和社会现实，而是参与现实的社会建构"。

选择就是意义，形式体现了功能，在系统功能语言学这一基本原则指引下，国内已有不少学者从不同层面开展对媒体意识形态的研究，出现了大量与批评话语分析有关的高质量学术论文。中国期刊网显示，仅2000年—2015年间发表的核心期刊论文就高达150篇，主要涉及批评话语分析方法、应用以及跨学科研究，如批评话语分析与认知语言学的融合（张辉、江龙，2008）。

上述研究在帮助读者正确解读媒体语篇方面起到了积极作用，但美中不足的是众多学者偏重语言结构层面的剖析，缺少对非语言层面如图像的关注，仅田海龙，张向静（2013）从 Kress & Van Leeuwen 的视觉语法角度阐释了媒体图像中的意识形态。

随着人类步入全新的21世纪新媒介时代，多模态语篇应运而生，胡壮麟（2007：3）认为，"人们每天在阅读报纸、杂志、广告、故事书、教科书、说明书以及计算机界面时，甚至在相互交往时都离不开多模态"，可以说，多模态是现代语篇的典型特征。在多模态语篇中能够传达意义的不仅存在于文字层面，还有诸如图片、声音和颜色等其他模态，张德禄（2009：24）也提出，"意义并不是单纯由语言来实现的，而是可以由语言之外的其他符号系统，或者多种符号系统共同来体现的"。因此我们完全可以认为，在新闻语篇中图像和文字都有传递意识形态方面的意义潜势。在此基础上，本章以《华盛顿邮报》和《卫报》中两篇有关美国巴尔的摩骚乱的同题报道为例，在 Christopher Hart 提出的视觉语法系统网络的理论框架下，主要从其视角语法层面的视域子系统中的变量——角度、定点和距离三个方面重点分析了新闻语篇中图像意义与意识形态的建构之间的联系，旨在探讨该理论对多模态语篇/文体分析的有效性。

第二节 图像语篇中的层次系统及其实现

图像和语言之间存在大量的不同之处,但也不乏相似之处。比如,由于词的形式和意义二者之间的关系是任意的,语言符号被认为是象征性的,与之相反,图像则不是象征性的,且表现出和其主体不同程度的现象似性。批评语言学派的不少研究者指出语言交际和图像交际存在相同的内在原理,尽管各自的实现形式不同,他们却表现出一些相同的意义潜势,因而图像语篇的研究也可以在系统功能语法的框架下进行。批评话语分析专家 Christopher Hart(2014:72)指出,"图像的象似性并不妨碍图像执行象征功能,因为它们代表了特定群体、地点和时间,而这些元素易于激发接受者的态度和情绪",值得注意的是,"图像受制于解读,尤其在数字时代体现得更明显,因为软件程序的出现使图像很容易人为操控。正如词汇语法一样,视觉表征中的选择也会折射出特殊的意识形态语篇"(ibid.)。Hart(2014:72)还认为,"图像语篇如言语语篇一样,体现了层次系统,并且作用于交际的概念、人际和语篇三大元功能中。"他提出的三个层次理论如图 9-1(Figure 10-1)所示,分别由语义、视觉语法和图像组成,它们之间的关系也是体现与被体现,即语义系统由视觉语法体现,而视觉语法又由图像体现。

Hart(2014:72)进一步指出视觉语法和词汇语法系统一样,仍由次系统构成,但同时它也构成了只能在图像领域适用的附加系统,比如空间,视角,颜色和形状等。其中,视角是 Hart 的重点考察对象,何为视角? 视角即篇章生产者驾驭图像空间的方式,如图 9-2(Figure 10-2)所示,该系统分别由深层空间(DEEP SPACE)和视域(POINT OF VIEW)两个子系统构成。前者涉及尺寸大小(contrasting size),聚合(convergent lines)和明暗的配合(chiaroscuro),后者主要通过定点(anchor)、角度(angle)和距离(distance)的彰显得以体现(Hart,2014:73)。为研究方便,我们将主要考察视域子系统在图像中的应用。

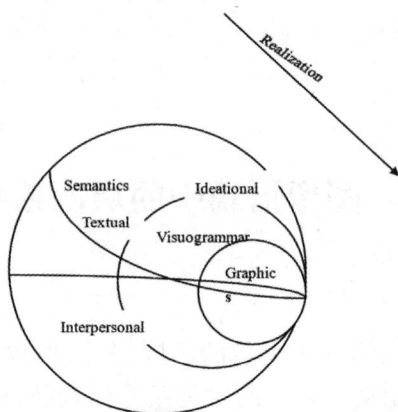

Figure 10-1　Stratification and realization in visual communication

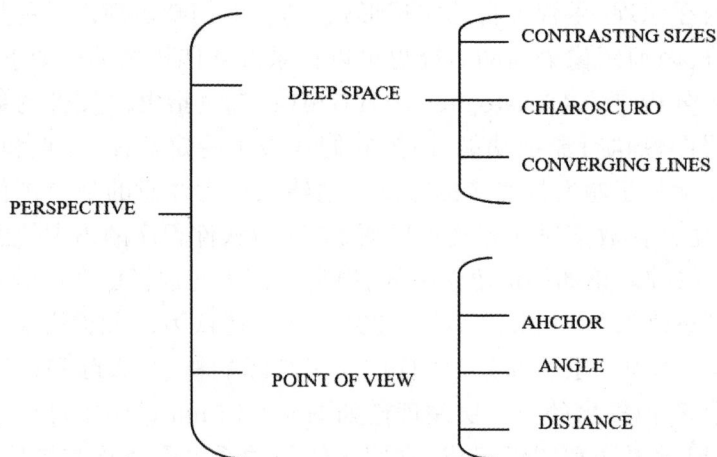

Figure 10-2　System network for PERSPECTIVE

第三节　Hart 视觉语法系统下的新闻图像意义与意识形态建构

2015 年 4 月 28 日，美国巴尔的摩市数千人参加在被警方拘留期间发生死亡的 25 岁黑人男子格雷的葬礼后,该市多个街区爆发骚乱、抢劫和暴力冲突,巴尔的摩进入紧急状态。一石激起千层浪,中西各主流媒体纷纷于第一时间对此进行了详细报道。其中美国《华盛顿邮报》和英国《卫报》分别以下述标题进行了相关报道:

1. *After a night of rioting in Baltimore, fear of violence leads to closures*(巴尔的摩夜晚暴乱,致使各大商户纷纷关门停业)

(Washington Post, April 28, 2015)

2. *Troops roll in to Baltimore as Obama urges US to start 'soul-searching'*(军队涌入巴尔的摩,奥巴马催促美国自我反省)

(Guardian, April 28, 2015)

其中插图的运用更是耐人寻味。一图抵千言,不同的插图运用体现了选择上的不同,更会操控读者以导致不同的解读。下面我们将详细分析两则报道如何通过插图的不同选择达到建构各自不同意识形态的目的。

一、角度

角度是视域系统中作用于垂直面的一个变量,其潜势近似于拍摄中上下倾斜(定轴)的使用,尽管选择的角度可能会千变万化,但有些突出的方位基点(cardinal points)值得我们留意,因为它们在图像中得到了广泛应用。Hart(2014:91-92)提出了 4 种方位基点,如图 9-3(Figure 10-3)所示:

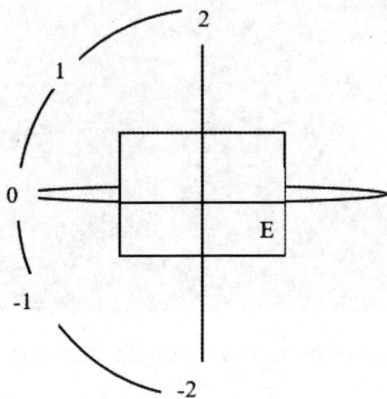

Figure 10-3 Cardinal points of view: ANGLE

上图中,方位基点 0 表示视平线(eye-level view),方位基点 1 和 -1 分别表示向下斜视(diagonal view looking downward)和向上斜视(diagonal view looking downward),方位基点 2 和 -2 分别体现俯视(bird's-eye view)和仰视(worm's-eye view)。从功能看,方位基点反映了位于地面的观察者的最基本视觉、空间体验。

在《华盛顿邮报》的这幅插图中(Figure 10-4),显而易见,拍摄者的位置为方位基点 2,即俯视。那么,俯视的功能是什么? Hart(2014:92)认为位于物体或实体的上方意味着会掌权和控制,相反位于物体或实体的下方则表示无权,失去控制。该图中,拍摄者居高临下,展示给我们的是这样一幅全景画面:暴乱的人群、警察、警车,还有行进中的私家车。由于是远景,我们看不清现场究竟发生了什么,比如警察与人群的肢体冲突,双方手持的工具等。这种俯视传递了如下信息:权力和控制,即政府部门完全有能力控制住骚乱局面,不会让其蔓延下去,好似给民众吃了颗定心丸。不难看出,报道者是完全站在美国政府和警察的立场上,认为这种骚乱处于可控范围内。尤其是正在路口行进中的私家车向读者表明这样一种信号:交通秩序未受明显影响,骚乱已被有效控制,向读者暗示骚乱行将结束。

Figure 10-4　Residents began to clean up from the looting and fires.

二、定点

定点是处于视域子系统中作用于水平面的一个变量,其潜势与拍摄时左右移动(定焦)类似。与角度的区分近似,Hart(2014:85)也提出了四个方位基点,如图9-5(Figure 10-5)所示:

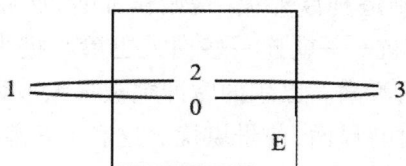

Figure 10–5　Cardinalpoints of view: ANCHOR

其中方位基点0和2都表示中立,只不过观察者的矢状面(sagittal axis)方向相反,此时观察者会位于双方参与者的中间地带,不偏不倚,往往被认为是持中立态度,但不可能完全中立。方位基点1和3分别表示观察者处于事件参与者的左方和右方,此时观察者的矢状面和图像矢量被认为是平行的,因此观察者也会往往被视作积极参与事件中并努力成为图像意义的一部分。Hart(2014:88)认为,"观察者能从多大程度上卷入事件中则只是程度问题,一般来讲,观察者的矢状面和图像矢量构成的角度越尖锐,就表明他参与得越多,置身事外的可能性就越小,从意识形态上看,图像语篇中方位基点1和3的区别与参与者的排列顺序有关。"下面我们来分析《卫报》报道中的这幅插图(Figure 10-6):

上图中,首先映入眼帘的是紧紧拉在一起的两只手,一只白人的手和一只黑人的手,由于是近景特写,我们看不到他们的面部表情等其他方面。其次远处,与之相对立的是全副武装的美国警察——钢盔、警棍以及防暴装备。报道者的用意何在?我们仍然能从Hart的定点理论中得到解释。很明显,报道者的方位基点不可能是0或2——他没有站在冲突双方的中间位置,因而其立场肯定不是中立的。报道者所处的最佳方位基点是1,其矢状面和图像的矢量构成的角度较尖锐,近乎零度角,表明报道者的参与度较大,意识形态倾向也更浓厚。另一方面,Hart(2014:90)认为图像中距离的远近和道德层面的多寡有关联,即说话者会特意贴近那些被认为是正义的、有道德的动作者和行为,尽力使其合法化(legitimation);同时故意疏远非正义与不道德者,竭力使其非法化(delegitimation)。该图像中,报道者的立场显然和当地的骚乱人群是一致的,因为其方位基点无限接近握在一起的两只手。与此同时,报道者疏远了与对面荷枪实弹的警察之间的距离,警察在这里被刻画成非法的、不道德的消极形象。报道者意在表明,巴尔的摩骚乱由警察引起,他们不尊重人权制造种族冲突,是始作俑者,必将受到全社会正义之士的强烈谴责与反抗——就连一些白人也参与进来和黑人共同声讨当局,强烈表达他们的不满。巴尔的摩冲突被描绘成警察和群众互不相让,剑拔弩张的紧张对峙局面,前景堪忧。这和《华盛顿邮报》插图的意识形态倾向显然不同,前者侧重冲突事件的性质和过程,后者强调事件的结果和影响。

Figure 10-6   Members of the community
bold hands in front of police officers in riot gear.

三、距离

距离是视域子系统的最后一个变量,它同时作用于垂直面和水平面,体现不同的距离价值观,近似于摄影中的变焦(Hart,2014:93),如图9-7(Figure 10-7)所示:

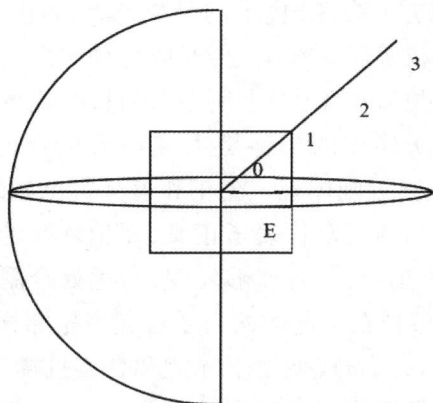

Figure 10-7　Cardinal points of view: DISRANCE

　　同样，Hart（2014：94）区分了距离中的方位基点 3，2，1，和 0，分别对应于长焦、中焦、近焦和超近焦。一般来讲，距离越近，定点和角度产生的效果越强烈。Hart（2014：94）进一步指出，"观察者离垂直面越远暗示了较少的参与和较少的细节披露；水平面中，观察者若离前景化的参与者越远，表明他参与解读图像的倾向性越不明显。"一言以蔽之，长焦意味着较少参与，置身事外，要么属于千方百计掩饰事件，要么则是事不关己，高高挂起；近焦则表示积极参与，以引起共鸣。

　　在 Figure 10-4 中，观察者的方位基点为 3，属于长焦的使用。从垂直面看方位基点接近 2，属于远处的俯视。通过这种表面上的较少参与观察者同时向读者传递如下消极信息：骚乱已被有效控制，不必太关注骚乱事件的性质、起因和过程，意在大事化小，小事化无，实属给当地政府、警察遮羞而已。从水平面来看，观察者的方位基点是 3 且距离双方参与者较远，通过这种故意疏远的方式，观察者的目的很明确，不希望读者过多地卷入冲突事件中，有事不关己，高高挂起之嫌。这样无论从垂直面还是水平面来看，观察者始终站在官方的立场上，试图掩饰种族冲突问题，混淆视听，以维护政府利益。

　　在 Figure 10-6 中，图像的拍摄位置接近于方位基点 0，属于超近焦，两只手仿佛就在眼前晃动。从垂直面来看，观察者所处位置为方位基点 -2，属于仰视状态。超近焦的仰视表明观察者更积极地介入事件和更多细节的披露，给读者强烈的视觉冲击，感同身受，容易引起共鸣，同时仰视体现了权力上的被控制（如上文所述），即仰视方（民众）体现的是被控制,被仰视方(警察)代表的是控制和侵犯,这样警察就与暴力、恐吓以及滥用职权等联系在一起,变成各种罪恶的化身。从水平面来看,观察者位于方位基点1(如上所述),与被突出的事件参与者——一黑一白的两只手所代表的当地黑人和白人民众的距离最近,Hart (2014:95)认为"距离近则体现了公正和道义",也就是说,报道者认为在巴尔的摩骚乱中,当地民众代表了正义,而稍远处的警察则是暴力的化身。这样通过近焦拍摄,读者能够发现,与远处全副武装的防暴警察相比,手无寸铁却仅仅拉在一起的两只手看起来是那样的无助。从而暗示民众需要的是团结,众志成城之下才能和警察抗衡,才能要回属于他们的正义和尊严,他们理应得到更多的支持,同时也控诉了当地警察对待民众的野蛮行径,报道者的意识形态跃然纸上。

【小结】

本章通过引入 Hart 视觉语法观,我们主要从其视域子系统的定点、角度以及距离三个变量来分析《华盛顿邮报》和《卫报》两篇同题报道中插图的不同设计。报道者的阶级立场决定图像的取舍,不同的符号选择会传递不同的意义,进而会构建不同的意识形态,最终会影响和支配受众对发生事件的认知。简言之,前者充分体现了政府部门的立场——家丑不可外扬,尽量做到息事宁人,偏重事件结局;而后者则一针见血地抨击了当地政府的所作所为,力求还原事件真相,侧重事件本身。这种不同报道角度既体现在两种媒体所选用的图像上,又体现在插图底部的文字说明上,从而也验证了图像和文字两种符号在多模态交际中的互补关系。总之,正如田海龙(2009:65)所指出的那样,"图像作为一种语篇形式在再现事件的同时也参与社会实践和构建新的权力关系",因此对新闻插图的分析必将有助于解读新闻报道的意识形态。我们有理由相信 Hart 视觉语法观在语篇分析的舞台上会扮演越来越重要的角色。

第十一章

认知环境互明

第一节 引 言

认知环境是关联理论(Sperber and Wilson,2001)中的重要概念。关联理论有其特殊的语境观——语境是在社会互动过程中为了准确理解话语而存在于人们大脑中关于世界的一系列假设,它是一个心理建构体(psychological construct),也就是说,语境不再仅仅局限于上下文的语境,还包括对即将发生的事情的一系列期望,以及交际双方的宗教信仰和文化思想等(Sperber and Wilson,2001:16)。因此,在报刊英语阅读过程中,交际双方的认知环境就被赋予了越来越重要的角色。

报刊英语就是报刊或杂志中所使用的英语,特别是指新闻报道中所使用的英语。21世纪的到来使得人们的教学理念、教学目标开始转变,报刊英语阅读以其信息量大、资源丰富、语言简洁地道等特点,深受师生们的欢迎。报刊英语教学在英语课堂中占有了相当重要的位置。在英语学习的过程中,英语报刊阅读在提高学生语言的综合运用能力方面的作用日益突出,在拓宽学生的视野和知识范围方面具有其他教材无法比拟的优势,同时也是培养学生获取知识能力、创新能力与提高综合素质的有效手段。《高等学校英语专业英语教学大纲》(以下简称《大纲》)(2000:2)提出:英语教学中很重要的任务就是要在听、说、读、写、译等语言综合能力的培养中渗透文化教育和人文素养教育,增强学生对文化差异的敏感性,提高学生综合运用英语进行交际的能力。欲完成这一任务就不得不提到报刊英语。英语及其社会文化总是随着时代和社会的发展而不断变化,学习英语就需要不断补充语言新知,了解最新的文化发展动态形势。

　　无论在内容还是在语言表达形式方面,英语报刊都是鲜活丰富的英语学习材料,是人们日常生活中猎取各类信息的主要来源,也是英语学习者提高语言能力、了解语言发展最新动态、掌握最新语言的主要渠道之一。根据《大纲》:21世纪的外语人才应具备五个方面的特征——扎实的基本功,宽广的知识面,一定的专业知识,较强的能力,较高的素质。基于此,我国各高校英语专业均开设了报刊英语阅读课,一些非英语专业也开设了该课程。实践证明,报刊英语课有益于新型外语人才的培养。《大纲》规定:外国报刊选读课的目的在于培养学生阅读英美报纸杂志的能力。通过熟悉英美报纸、杂志及文章的一般特点,分析文章的思想观点、篇章布局、语言技巧及文体修辞等,进一步提高学生的阅读理解能力和思想表达能力。在报刊英语课中,如何真正帮助学习者提高其综合能力是每一位教育工作者所要探讨的问题。

　　当前的报刊英语教学存在不少弊端,正如端木义万(2006:66)所言:报刊英语课程的价值尚未得到充分的开发,主要问题出在教法上。我国高校英语报刊教学大都以提高学生阅读能力为主要目的,采用的依然是阅读教学的模式,因而教学方式就容易单一化。更为常见的是,教师要么把报刊选读课当成精读课,重点放在词、句及翻译上,要么上成泛读课,仅停留在大意的掌握上,学生对此颇有微词:报刊选读与精读、泛读究竟有何区别?最终教师会发现,经过短暂的一个学期,学生的分析能力和提出见解的能力仍然比较差,毋宁说创新思维能力的培养了,这与《大纲》的要求相去甚远。原因何在?笔者认为,报刊英语课有其自身的显著特色,为了达到《大纲》规定的教学目标,在教学过程中就必须遵循人类的普遍认知规律,尤其要想方设法给学生提供丰富的认知环境,这关系到报刊英语教学的成败。刘绍忠(1998)指出,“在非母语环境的状况下学习和教授外语,除了在语言知识方面需多花工夫和增加投入之外,更多的注意力恐怕还是要放在语言知识背后的东西上面。"这里的"语言知识背后的东西"实际上主要指认知环境的重要性。学界已对关联理论中的认知环境展开了大量研究,比如对翻译的研究(马丽,2016;徐秀梅、宫钦言,2016;刘性峰、李淑艳,2014;于涛,2009;梁艳君、耿智,2009;陈铮、高桂珍,2005;宋德生,2000)以及对语篇分析的研究(唐韧,2008;徐学平,2003;林波,2002),但专门针对英语报刊新闻的研究尚不多见。在报刊英语的教学中,我们只有意识到认知环境并且最大限度地帮助学生建构充分的认知环境,才能保证教学目标的实现,从而有利于学生综合能力的提高。本章主要论述在报刊英语教学中如何帮助学生建构互明的认知环境,进而提高学习效率,最大限度实现教学目标。

第二节 认知环境的互明

Sperber 和 Wilson(2001)合著出版《关联:交际与认知》一书,标志着认知语用学的诞生。书中提出的旨在解释人类认知活动的"关联原则"在语言哲学、心理语言学,尤其在语用学等学术界引起极大反响。认知环境和相互明白是关联理论的基本概念。在关联理论中,认知环境被定义为对于某个人能够明白的一组事实。这些事实体现为认知环境里的各种元素,包括对的东西和可能对的东西,物质的东西和精神的概念,它们可以具体和抽象,共同组成认识主体的总认知环境(刘绍忠,1997)。在语言交际中,听话者对世界的假设以概念表征的形式储存在大脑中,构成用来处理新信息的认知环境。在语言交际中,对话语理解起作用的是构成听话者认知语境的一系列假设,而不是具体情景因素。因为话语理解涉及两类信息的结合和运算,即由话语信号建立新的假设和在此之前已被处理的旧假设。听话者利用关联原则指导推理,从新旧假设提供的前提推导出说话者的意图(苗兴伟,1997)。相互明白,指认知环境里两个有机体的环境的交集,即两人都能明白的一组存在的事实。

在报刊英语的学习中,听话者(学生)必须在足够的认知环境的帮助下,才能正确理解新闻报道,推理出其传播的意图。现代外语教学理论认为,语言学习过程包括输入(即阅读、视听)、吸收(即加工、记忆)和输出(即说、写、译)三个过程,三者之间应达到平衡关系,忽略任何一个过程都不可取。多媒体报刊英语网络资源的建立使学生能够以更多样化的形式和更高效率输入英语语言素材,有效的语言信息输入是实现第二语言习得的首要条件。为了保证报刊英语输入真正有效,必须首先要给学生提供足够的认知环境,这是前提条件。同时,建构主义提倡在教师指导下的以学生为中心的学习,强调学习者的认知主体作用。该理论认为学习者并非被动接受知识的灌输,而是主动创建知识结构。即学习是学习者主动接受外界信息并在自身原有认知结构的基础上去消化、整理、改善认知结构的过程(Woofolk,1998:26)。这里的认知结构与我们提倡的认知环境不谋而合,与此同时,我们也可以看出,认知环境处在一种动态的不断变化中。一言以蔽之,在报刊英语的教学中,只有使学生具备了互明的认知环境,才能有助于他们去主动创建知识结构,去分析、概括和归纳材料,进而达到《大纲》提出的"提高学生阅读理解能力和思想表达能力"的要求。如果缺乏足够的认知环境去学习英语报刊,只会人云亦云,思维能力得不到有效的训练,根本无法提高学生的思想表达能力。令我们欣慰的是,已有不少高校的教师注意到了互明认知环境的重要性,他们在报刊英语教学中进行了许多有益的探索,最常见的便是背景知识的扩充。然而,仅停留在背景知识的补充上是远远不够的,因为报刊英语的认知环境包括多个环节。那么在多媒体网络资源环境下,除了背景知识外,教师如何帮助学生从其他环节充分建构互明的认知环境从而改善报刊英语教学现状呢?

第三节　报刊英语教学中互明认知环境的建构

一、课件制作

当前各高校使用的教材主要有端木义万教授的《美英报刊阅读教

程》和周学艺教授的《美英报刊文章选读》,两套教材各有千秋,难分伯仲。该课程的特色要求教材内容更新的速度比普通教材更快,否则我们的教学就难以与时俱进。所以教学内容除了教材外,还应包括教师补充的背景知识、专题知识以及时事新闻,多媒体课件应运而生。多媒体辅助教学为外刊课堂教学注入了新的活力,因为多媒体辅助教学是立体、动态教学,教学内容的来龙去脉、前因后果和组织结构等方面都可以立体的形式、动态的视角呈现在学生面前。多媒体辅助教学充分利用了学习时间,活跃了课堂气氛,改进了教学效果(郑志恒,2000)。它的最大优点莫过于使教学内容更加真实、直观。但是近年来出现了多媒体课件使用不当的情况,主要表现在多媒体应用过多、失度,课件内容丰富,使得上课成了演示课,容易造成学生视觉疲劳。

对报刊英语课件而言,主要问题在于多媒体课件的使用降低了新闻内容的真实性,无法提供给学生足够的认知环境,尤其在时事新闻编排上反映得最突出。为了使报刊教学内容能与时俱进,众多高校在讲授教材的同时,不免要引入最新消息,即为本周或本月国际国内发生的重大时事新闻报道,以拓宽学生视野,丰富其知识面,这本无可厚非。但问题在于教员们在制作课件时,更多地考虑的是课件的精美程度,过于偏重形式上的统一协调,比如,要求采用的每则报道的字体、字号、颜色、行间距等必须一致,以带来视觉上的美感。这种课件的弊端是显而易见的,不利于学生比较、分析与求异思维能力的培养,思辨能力得不到发展。

因为我们所采用的世界上较为流行的几种报刊,如《纽约时报》《华盛顿邮报》《卫报》等在设计上各有特色,它们在字体、风格、编排的格式等方面都是不同的,各家报纸的不同特色反映了编辑的素质与能力,"西方报纸编辑学认为,西方出色的新闻报道,无一不是凭借丰富的想象力和创造力写出来的"(赵鼎生,2002:53)。如果我们对这些不同特色细细品味,无疑会锻炼提高我们的思维能力。而我们下大力气所展示给学生的最新消息已经并非原汁原味的东西,是一种畸形的新闻,毫无真实感可言。在这种环境下阅读报刊,首先违背了大纲的基本要求——熟悉英美报刊及杂志的文章的一般特点,其次,如刘绍忠(1997)所言:"这种畸形的语言环境和不切实际的教学内容给学习者提供的是不真实或者畸形的认知环境,结果,畸形的环境只能结出畸形的果实。"这也从另一个侧面阐释了多媒体环境下报刊英语教学效果仍然亟待提高。只有在真实的认知环境中,学生才能切实体会到各种报刊的特色,从而正确理解和分析外刊报道,培养主动的独立思考的阅读能力。在报刊英语教学中,一定要还新闻的本来面目。

以标题为例,众所周知,标题是新闻报道的眼睛,并且美英各大报刊一般都有自己传统的标题特色。标题主要分为对中心题、左对齐题、右对齐题、阶梯题、金字塔题等将近 30 种(赵鼎生,2002:128),它们形式各异,纷纷体现了编者和记者的语言素养和文字技巧,同时,标题的设计还体现了认知语言学中象似性理论的应用(曹海燕,2005),仔细研究会加深对标题设计的理解,有助于提高阅读外刊的能力,正如端木义万(2001:1)所言:外刊教学的重点必须放在能力上。欲提高阅读报刊的整体能力,必须首先从正确理解标题入手。

总之,在制作多媒体课件时,一定要考虑到认知环境的真实性,要努力去为学生营造阅读报刊的真实环境,让学生去全面认识英美报刊,才能有助于他们知识结构的建构,达到认知环境的互明。赵虹(2000)指出,"如果我们想要更全面和更透彻地解读一篇报道,必须在文本所处的真实语境中去理解,即了解文章的原始特点。"以牺牲新闻的本来面目去换取课件暂时精美的做法有百害而无一利。

二、媒介素养教育

《大纲》规定:在外国报刊选读课的教学中,要使学生学会分析文章的思想观点、篇章布局等,从而进一步提高学生的思想表达能力。要学会正确分析报刊文章的思想观点,首先要对报刊有清醒的认识,而这种认识则建立在认知大众媒体或大众传播的基础上,因为英语报刊所属于大众传播,这恰恰构成了我们分析报刊文章时的另一种认知环境,包括对媒介的结构、传播过程以及传播效果的认识。对学习者来说,这种认知环境即是分析报刊时所具有的媒介素养。宋小卫(2000)认为媒介素养包括四个主要的理念:媒介产品的制作;媒介特有的语言;媒介的再现特性;大众传媒对受众的影响。王亚民(2000)认为媒介素养指个人应该具备的接触英文报纸媒介信息,分析媒介信息,批判性地评价媒介信息以及自己发布媒介信息的能力。只有具备了对媒介素养的基本认识,学生才能学会从宏观的角度如何分析报刊、评价报刊,有助于其思辨能力的培养,从而有利于学生思想表达能力的提高,而不仅仅停留在语言、修辞、语篇等微观层面的分析上。在报刊英语的学习中,学生之所以缺乏积极性、主动性，主要原因就在于对报刊所属的大众传媒的基本认识不足，不全面。报刊英语学习中的媒介素养教育（media literacy education）迫在眉睫。媒介素养教育是指具有正确认识媒介和有效利用媒介的一种能力，伴随着媒介技术的突破和人们认识的拓展，媒介素养涵盖的内容也在不断增加（赵虹，2000）。媒介素养要求我们对大众媒体不但要批判，而且要理解、欣赏和享受，要进行全面的认知。在此情况下，如何从宏观上建构学生的认知环境呢？我们要帮助学生培养健康的媒介批评能力，必须要考虑到以下环节。

首先，要引导学生正确看待媒介，认识到媒介在自身的发展过程中受制于意识形态及经济利益，所以要学会透过媒介机构的生产活动与意识形态及经济利益之间的复杂关系来剖析媒介信息的真实意义，即对新闻报道客观性的再认识。比如，《纽约时报》一贯标榜客观公正，但实质上与其他西方大报一样，是资本主义财团的喉舌，代表东部大财团的利益（端木义万，2001：239）。《泰晤士报》自称，它的办报方针是："独立地、客观地报道失实。"然而200年的历史证明，该报是英国政府的喉舌，在重大国内外问题上反映统治集团的意图（端木义万，2001：302）。

其次，要让学生明确，新闻媒体在运作过程中往往要受到过滤器的影响，比如，美国新闻媒体主要受五个过滤器的影响，它们是机构设置、广告、新闻源、威胁与强制以及反共（Edward & Chomsky，2002）。当然不同时期的过滤器也是不一样的。学生了解了过滤器的一般知识后就能从客观上较好地把握报刊的内容，而不仅仅停留在词汇、修辞等层面上。

最后，要洞悉新闻传播过程的八大要素：它们是信源、编码、信息、渠道、解码、信息接收者，反馈和杂音（Dominick，1994），进一步明确它们在新闻传播过程中的功能。

在报刊英语的学习中，学习者只有具备了上述的认知环境，才能首先从宏观上掌握了解读和批判的能力，做到有的放矢，同时也为微观上分析报道内容提供了基础，从而真正充分利用媒介资源。

三、报刊英语语体特征介绍

关联理论中强调认知环境的真实性以及知识建构的重要性。为了建构学生的英美报刊基本知识，在该课程的初期就必须向学生系统介绍报刊英语的一般语体特征,包括其结构特征与语言特征,而不应该直接进行新闻报道的讲述或评论,以免造成无源之水,无本之木的现象。在讲述标题时,要提示标题的简明、短小、生动醒目的特征,以及标题的大致分类。又如,关于导语中的对比式导语、疑问式导语、引语式导语、悬念时式导语和概括式导语。至于正文,要重点介绍其基本结构,如倒金字塔结构、金字塔结构和倒叙—顺序混合结构(张健,2004:34)。这里的认知环境类似于认知心理学研究中的图式:能影响人们对所呈现的信息的注意与解释;具有推测作用;具有迁移作用。报刊英语的这些语体特征构成了学生认知环境中的一系列假设。在阅读报刊时,学生就能利用这一系列假设去推理,去分析新闻报道的篇章布局、文体特征乃至思想观点,最终实现与编辑(或记者)的成功交际。在该过程中,学生的思维能力得到了很好的训练。同时也实现了人们在接受信息时的"自下而上认知"(top-down processing)(Brown &Yule,2000:234),即人们利用先前已有的知识来分析处理所接收的信息。因此,在报刊英语教学过程中,教员一定要向学生介绍新闻的一般语体特征,从而帮助其构建语篇图式,而图式一旦在头脑中建立,便会在阅读实践中起引导作用,提高阅读效率。从认知角度看,图式属于认知环境。如果不具备这种基本的认知环境,只是把报刊选读课当成精读或泛读,那么学生就会缺少概念、判断、推理等这些逻辑思维能力的培养,最终实现不了报刊英语教学中学生思维能力的培养这一目标。

【小结】

认知环境和相互明白的思想对解释交际活动有着十分重要的指导意义和解释力,在教学活动中的作用更是可见一斑。在报刊英语的教学过程中,教师除了注意多媒体使用中的紧密性、启发性与综合性以外,更要努力从宏观和微观上建构学生的认知环境,以充分调动学生的积极性、主动性和实践创造性,只有如此,才能圆满实现《大纲》规定的教学目标。

第十二章

报纸新闻标题中的最佳关联

第一节 引 言

近年来,伴随改革开放规模的日趋扩大,新时代新征程上英语报刊的重要价值被越来越多的高校所认可。《高等学校英语专业英语教学大纲》(2000)(以下简称《大纲》)明确提出 21 世纪是国际化的知识经济时代,这就决定了培养英语人才的目标:具有扎实的基本功、宽广的知识面,一定的相关专业知识、较强的能力和较高的素质。标题既是新闻报道的眼睛,又是新闻的一个不可分割的重要组成部分,加上其本身具有的语言以及修辞方面的特色,二语习得者若要提高阅读英美报纸杂志的能力,首先就不得不对标题予以足够重视。所以,为了达到报刊选读课的教学目标,对标题的认知就成了师生们要致力解决的首要问题。国内已有不少学者展开了对标题的研究,但主要围绕标题本身的语言特色进行,如探索标题语言的形式与内容特色(张明、刘坤婷,2022;毕晓毅、王卓,2022;冯恩昊、洪岗,2022;曹进、刘贵阳,2021;陈臻渝、毛浩然,2019 等),以及标题的翻译策略(陈晓莉、文军,2011;吴珏、陈新仁,

2008；王瑞玲，2007）等。从更深层次，尤其是从主体的认知规律方面展开研究的文章仍为数不多。笔者认为，与其说标题的语言特色是受报刊英语这一特殊文体制约的，毋宁说是人类总的交际原则——关联原则使然。因为报刊英语阅读属于一种特殊的交际形式（编辑与读者之间进行的一种交往），关联理论作为指导人们交际的一种重要理论必然要发生作用。本章从关联理论的视角剖析报刊英语标题中词汇、时态、修辞等诸多特色，以达到对标题的最佳认知，从而有效地指导报刊英语阅读和学习。

第二节　关联理论

关联理论形成于 20 世纪 80 年代中期，主要代表人物是 D. Sperber 和 D. Wilson。他们把交际看成是一个明示——推理过程，并从认知语言学的角度提出交际是按一定思维规律进行的认知活动。该理论认为，语言交际以最佳关联（optimal relevance）为取向，即以最小的处理努力得到足够的认知效果。这里的语言交际既包括口语交际，也包括书面语交际，报刊英语阅读属于书面语交际的范畴。苗兴伟（1997）根据关联原则，认为任何一个交际行为都传递着最佳相关性的假定或期待，听话者总是以最小的认知努力来获得最大的语境效果，并以此推导说话者的交际意图。除了最佳关联原则以外，关联理论还强调认知环境的互明，认为交际要想成功，必须保证双方认知环境的互明。认知环境就是人们所知道的一系列假设或事实构成的集合，互明就是双方共同明白的信息或事实。Sperber 和 Wilson（2001）认为认知环境的互明是人们交际能否成功的主要因素。"如果要使听者能够准确地推导出说话人所意欲传达的信息，那么就必须要有互为显映的认知语境，在这样一个共同的认知环境中，每一个显映的假设都是互为显映的"（Sperber & Wilson，2001：18）。关联性是一个相对的概念，它的强弱取决于两个因素：推导努力与语境效果。在同等条件下，推导努力越小，关联性越强；语境效果越大，关联性越强（李占喜，2006）。

第三节　报刊英语标题中关联原则的实现

一、标题中认知环境的互明

西方报纸编辑学认为,报纸标题起码应起到下列作用:吸引读者注意;把新闻分成等级;把新闻卖出去;讲述新闻梗概;打扮版面。为了产生对读者的影响力,标题必须从版面中跳出来,主动去抓住读者的注意力,使读者愿意去读这一则新闻(赵鼎生,2002:105)。为了增强标题的可读性,就必须首先要为读者创造丰富的认知环境,这是先决条件。关联理论强调认知环境必须对认知主体之间做到相互明白,交际才会成功,所以在标题的设计上也必须达到对认知主体(编辑与读者)之间的互明。报刊标题中的认知环境主要包括主体对词汇的认知,即主体之间能够对措辞的用法、意义等达成一致,形成互明。众所周知,报纸编辑在酝酿标题词汇时往往要考虑到以下要点:使标题易读易懂;标题的词汇量越宽越好;报纸标题是给受过中等教育以上的人看的,而不是给硕士学位以上的人看的(赵鼎生,2002:114)。从关联理论的角度看,编辑之所以这样做,无疑是为了达成交际双方认知环境的互明。

二、标题中最佳关联的达成

（一）词汇与最佳关联

词汇作为语言的三大要素之一,在交际中起着至关重要的作用。英国应用语言学家威尔金斯(D. Wilkins)(1976)曾经说过:"没有语法,人们不能表达很多东西,而没有词汇,人们则无法表达任何东西。"

作为报刊英语标题中的词汇则更像是一种艺术,一种技巧。从美学角度看,读者心理中都有天然的追求美感的欲望。标题除了艺术美以外,还有艺术欣赏价值,这种价值越高,对读者的吸引力越大,新闻传播的效果也越明显(李元授,2001:169)。从心理学的角度看,人们在解读感兴趣的、富有吸引力的材料时,相比枯燥的东西而言,付出的努力要小得多,易于实现最佳关联。编辑们在词汇的选择上是如何实现最佳关联的呢?

　　英文标题总是力求用有限的字数提挈新闻内容。为此,在措辞上尤其狠下功夫,选词尽可能经济达意,简短明了(张健,2004:8),这也符合现代英语词汇的特点之一,即用词简化(汪榕培,2003:70)。在报刊英语标题中,用词简化主要体现在大量简短词(如用 cut 代替 reduce,用 eye 代替 expect)、缩略词(如 EEC, UNESCO, EU)和截短词(如 graduate-grad, nuclear-nuke)的使用上。毋庸置疑,绝大部分简短词汇来自本族语词汇(以单音节词居多),本族语词汇所具有的全民性特征使得它们更通俗易懂,易于为读者所理解,这同时也是二语习得者会首先习得本族语词汇的一个重要原因。此类短小词汇的使用令读者与编辑之间首先达成认知环境上的互明。同时,根据心理学的研究发现,人们在解读小词时比解读大词(如外来词)要更容易,付出的努力也小得多。在语境效果相当的情况下,我们有理由相信:正是由于简短词汇的使用,才使读者对标题的认知实现了最佳关联。出现缩略语的一个重要原因,就是为了使原来的表达方式更简洁,从而降低主体认知时付出的努力,易于实现最佳关联。截短词指的是截除原词的某一(或某些)音节所得的缩略词(汪榕培,2003:71),它的出现简化了原词中的音节。根据心理学家的测定,一个词语的词首部分给听者的印象最深,所以截短词大多是截除词尾,保留词首来代表原词(同上)。据统计,报刊标题中绝大多数截短词也是仅保留词首部分。从关联原则看,保留词首,截除词尾,既降低了读者对此的认知努力,又保证了足够的语境效果(因为词首部分给人的印象最深)。所以,通过截短词的使用,标题中的最佳关联也得以实现。

（二）语法中的最佳关联

1. 省略

新闻标题短小精悍,在句式上和用词上都有相应的省略手段(端木义万,2006：6)。根据《现代汉语规范字典》(李行健,2004：1170),省略指的是省掉或略去不必要的语言、文字、手续、程序等,语法中指在一定条件下省去某一句子成分。从认知角度看,省略即是为了省力。在新闻标题中,省略则司空见惯,标题经常被删略去某些语法成分或词语,主要以虚词为主,如冠词、连词以及系动词(to *be*)等等。如:

冠词基本省略

（1）Right Ideas, Wrong Time（=The Right Ideas, The Wrong Time）Newsweek, March 15, 2007

（2）Suspected Mastermind of 9/11 Confesses（=The Suspected Mastermind of 9/11 Confesses）

The Washington Post, March 15, 2007

连词 *and* 的省略,通常用逗号代替

Dozens Dead, Scores Wounded in Jordan Hotel Attack（=Dozens Dead and Scores Wounded in Jordan Hotel Attack）

New York Times, November 10, 2005

Japan, Australia Sign Defense Pact（=Japan and Australia Sign Defense Pact）

The Christian Science Monitor, March 15, 2007

连系动词以及助动词的省略

New Strain of Mad Cow Disease Discovered（=New Strain of Mad Cow Disease Is Discovered）

The Washington Post, February 17, 2004

GPs Told：Prepare for 14 Million Flu Victims（=GPs Would Be Told：Prepar for 14 Million Flu Victims）

The Guardian, October 16, 2005

从上述省略可以看出,在认知环境互明的情况下,即明确了标题中

词汇及省略现象,会大大降低读者阅读时的努力,读者只需留意那些实词,就可推理出标题的意义。与此同时,仍然保证了足够语境效果的产出,所以省略实际上也在遵循我们认知中的最佳关联原则。

2. 时态

报刊英语由于受其特殊文体所限,要求标题必须言简意赅,所以标题不可能采用英语中所有时态形式。常见的动词时态有三种:一般现在时、一般将来时和现在进行时。根据布拉格学派的标记理论,现在时和一般体属于无标记项,与之相对应的过去时、将来时和进行体、完成体则属于有标记项。语法学家们认为在无标记项和有标记项的对立关系中,有标记项的结构复杂,分布频率低(王铭玉,2005:443),而主体对结构越复杂的东西,认知上所付出的努力也就越多。同时,针对有标记项和无标记项的认知问题上,心理语言学家们进行了研究和测试,发现测验对象对无标记词的反应要比对有标记词的反应更快(王铭玉,2005:457)。这就从更深层次阐释了报刊英语标题中,大部分都用一般现在时的原因,即为了使读者用最少的努力,去获得足够的语境效果,以达到认知上的最佳关联,而不仅仅是为了增强报刊的新鲜感和直接感。同理,报刊英语标题较多地采用陈述句、陈述语气、正常语序,较少用疑问句、虚拟语气和倒装语序,也是由于前者是属于语法学家们所认可的无标记项,后者是有标记项,读者在看到标题中的无标记项时反应会更快,更容易实现最佳关联。至于一般将来时和现在进行时,二者的使用也跟正常的书面语略有不同。标题中的一般将来时更多采用"be+动词不定式"结构,而"be"通常省略,现在进行时在应用时,"be"也常省略。省略的问题,我们在前面已论述过,它的目的就是为了追求交际中的最佳关联。

3. 修辞格

在新闻中,读者会经常发现修辞格的运用,运用得当,会使新闻报道更生动、优美、感人。因此,在保证新闻真实性前提下,恰到好处地运用各种词格可以增强报道的文学性和趣味性,好处是显而易见的(李元授,2001:18)。在报刊英语标题中,借助修辞格可以增加报道的可读性、生动性和吸引力。常用的修辞手段主要包括夸张、双关、比喻和押韵等。这些修辞格的运用与关联原则仍有很大关系。

我们先以夸张为例阐释关联原则的应用：

（1）Three Days that Shook the World（Reader's Digest, January 1992）

（2）Kobe erupts for 65 to edge Blazers（China Daily, March 17, 2007）

上述两个标题中都采用了夸张手法。在 Sperber 和 Wilson 看来：关联性＝认知效果／认知努力。根据我们的直觉，说话者使用夸张来交际思想感情，要付出更多的认知努力，关联性似乎会更小，但是说话者为什么还会选择夸张这种交际方式呢？答案在于通过夸张，认知效果和认知努力都在增加，是按照同样的比率增加吗？不是。我们可以得出另一个公式：

关联性＝认知效果／认知努力

认知效果＝认知效果／模糊性

由于使用了夸张，生动形象的语言使语言交际中的模糊性下降，增强了认知效果，认知努力也同时下降，最终增加了交际的关联性（宋长来，2006）。报刊英语标题中夸张的使用也是如此，在例 1 中，shook 要比 influenced 在表达效果上更形象、更生动；例 2 中，erupts 比 plays wonderfully 更形象，它们的使用均降低了交际中的模糊性，增强了认知效果的同时也降低了认知努力。所以，标题中夸张的应用仍遵循了最佳关联原则。

至于双关，我们也常见到其在标题中出现，如：

（1）France's Sarks Is Too American（Newsweek, March 16, 2007）

（2）The Moderns（Newsweek, March 15, 2007）

双关在语言学上的发生学基础表现为单一能指的双重所指或单一语音的双重语义结合，从而产生了所指的漂移，能指与所指的游戏在心理认知过程中必然使感觉受阻，产生感受时间的延长，艺术创造的构意功能能得以体现（赵真华，2006）。从中我们可以看出双关的使用无疑会增加读者对标题的足够的认知效果。陈望道（1976：96）指出："双关是用了一个语词同时关注着两种不同事物的修辞方法。"用一个语词来暗示两种不同事物，本身就是为了降低读者阅读时付出的努力。对于双关中的谐音双关和同音换位而言，由其中一词联想到与之相关的另外一词,理应属于最佳关联的范畴。例1中,American 使读者首先想到是其物理特征美国人,进而联系到崇洋媚外等词汇,使用该词的认知效果得到彰显。例2中,modern 让人由其本义现代、时髦的(时装)联想到较现代化的建筑等,读者对该词产生了延长的感受时间,充分体验了其艺术价值,进而取得了足够的认知效果。其他如由 gild 联想到 guilt,由 sole 想到 soul,由 bank(银行)联系到 bank(河岸)等,这样的例子不胜枚举。

比喻的应用主要是为了使表达更形象、更生动,如:

(1)Jowell joins condemnation of "stick-thin "catwalk models(The Guardian, September 16, 2006)

(2)Rising Trouble With Mortgages Clouds Dream of Owning Home(The New York Times, March 17, 2007)

在上述标题中,stick-thin 要远比 thin 更生动形象,clouds 所产生的认知效果更要胜过 upsets 。因此,标题中比喻的应用既降低了语言的模糊性,又增强了认知效果,达到了最佳关联。

押韵读来朗朗上口,增强了可读性和趣味性的同时,更能加深读者的印象,产生了足够的语境效果,也达到了人们认知上的最佳关联。如:

(1)Clinton Clinches His Second Term(China Daily November 7, 1996)

(2)Pining for Irish Soil? You Can Buy It by the Bag(New York Times, March 17, 2007)

4. 标点

在报刊英语中,经常出现几种标点符号,如用逗号代替连词 and(前面已论述过),冒号用在引言之前则表示"说",其余则用来替代联系动词 be。如:

(1)Wen:SCO trade is set to double(China Daily, September 16, 2006)

(2)Nurses:Pay Us to Match Scots(The Guardian, March 15, 2006)

标点符号的运用主要目的不外乎两个:一是区分表示各句子成分意群之间的关系;二是旨在进一步节省标题字数。根据关联理论,我们认为：第一种目的是达到主体之间认知环境上的互明，第二种则是为了实现交际中的最佳关联，因为标题字数节省了，读者随之付出的努力也在降低，但仍然保证了足够的语境效果。

【小结】

总之，标题是新闻的一个不可分割的组成部分，它就像是商店的橱窗，要时刻做好吸引南来北往的行人的准备。为了吸引读者，编辑们总要在标题的设计上费尽心思。而一条好的标题，除了要体现出艺术美之外，更要遵循人类的交际原则——关联原则。只有这样，才能使读者达成对标题的最佳认知，从而成功达到推销新闻的目的。同时，二语习得者只有明确了标题中的关联原则，才能有助于进一步分析报刊文章的语言技巧和文体修辞等。

第十三章

媒介素养之创新思维能力培养

第一节　引　言

　　社会经济的快速发展意味着对人才的要求越来越高,单一型人才已逐渐遭受冷落,甚至濒临淘汰的边缘,只有拥有创新思维能力的复合型人才才能适应当代社会发展的需要。《高等学校英语专业英语教学大纲》(2000)(以下简称《大纲》)中的培养目标规定了21世纪我国高等学校英语专业人才的培养目标和规格:这些人才应具有扎实的基本功、宽广的知识面、一定的相关专业知识、较强的能力和较高的素质。也就是要在打好扎实的英语语言基本功和牢固掌握英语专业知识的前提下,拓宽人文学科知识和科技知识,掌握与毕业后所从事的工作有关的专业基础知识,注重培养获取知识的能力、独立思考的能力和创新的能力,提高思想道德素质、文化素质和心理素质。从该培养目标中我们能意识到新《大纲》十分重视学生能力的培养,强调培养学生的创新能力,认为应把它贯穿于教学的全过程。

　　此外,党和国家领导人多次强调创新的紧迫性和重要性:习近平总书记(2013)指出:"党的十八大提出实施创新驱动发展战略,强调科技创新是提高社会生产力和综合国力的战略支撑,必须摆在国家发展全局的核心位置。我们要实现全面建成小康社会奋斗目标,实现中华民族伟大复兴,必须集中力量推进科技创新,真正把创新驱动发展战略落到实处"。由此可见创新思维能力培养具有关乎国家前途的战略性意义,应该贯穿于新时代人才培养的各个环节中,渗透于课堂教学中,不容忽视。

　　然而长期以来,在语言工具论等思想的影响下,我国高校专业英语教学的目的在很大程度上一直是培养学生的语言实践能力。教师的出发点和目的是知识的传授和帮助学生理解(张杰,2006:20)。创新能力的培养是我国高校多年来教学工作中的薄弱环节,我们往往在教学中过于强调语言技能训练和知识传授,而忽略了对学生思维能力,尤其是创新能力的培养。这样造成的直接结果就是英语专业学生的能力不强,综合素质不高,不能敏锐地感触到异域文化的精髓,不善于研究英语国家的文化。何其莘(2001)曾强调过,我国外语教学中的严重倾向是在语言技能训练中往往过分强调模仿记忆,忽略了思维能力、创新能力,分析问题,独立提出见解能力的培养。

　　相对精读、泛读等传统课程而言,《外国报刊选读》课程作为一门开设历史不久的新型课程,在教学中也面临类似窘境。不少教师把该课程当成精读课,只讲语言难点;或当泛读课对待,过于强调词汇量和阅读理解能力。

　　上述传统教学方法忽略了外刊教学规律,与《大纲》规定严重脱节,从而造成了该课程的费时低效。较为普遍的情况便是学生认为该课程毫无特色,与上述传统课程差别不大,所以学生的兴趣程度逐步降低,除了词汇量有所增加外,感到学无所获,这不得不令人深思。外刊选读课程的重要性毋庸置疑,而如何重新激发学生的学习热情,如何切实执行《大纲》关于学生思维能力培养的相关规定,进而充分发挥外刊选读课程的应有价值作用,就成了摆在我们面前亟待解决的问题。本章主要对外刊选读课堂里学生创新思维能力培养的可行性和具体措施进行详细探讨。

第二节　外刊选读教学中学生创新思维
能力培养的可行性

创新思维不是天生就有的,它是通过人们的学习和实践而不断培养和发展起来的。创新思维是指不受现成的、常规的思路约束,寻求对问题全新的、独创性的解答或方法的思维过程(曾国平,2009:43)。能力主要是指获取知识的能力、运用知识的能力、分析问题的能力、独立提出见解的能力和创新的能力。所以,创新思维能力是指创造革新的能力,是人们能够打破认识常规,寻求变异,别出心裁,同一问题采用不同的途径从多角度搜寻答案的开放思维形式,它是智力水平高度发展的表现,是人类思维的高级形式。爱因斯坦也曾说过,创新思维是一种新颖而有价值的,非传统的,具有高度机动性和坚持性,而且能清楚地勾画和解决问题的思维能力。

创新思维能力是思维能力的高级表现形式。《大纲》要求我们培养的人才不但要具备扎实的英语基本功和宽广的知识面,更重要的是善于独立思考,能拥有一定的创造性思维能力。张杰(2006)认为:创造性思维能力的产生应该是以宽口径的知识面和厚实的文化底蕴为基础的。这里所说的知识面不仅是增加一些实际的商务或其他业务知识,而应是对社会历史、人类文明发展的了解,对本民族和其他民族文化特征和习俗的了解。因此在英语专业的教学过程中,文化课程的设置就尤为重要。要开设文化课程,教师就必须主动积极地进行不同文明、不同文化、不同语言之间的比较,甚至可以进行东西方民族之间思维特征异同的比较。外刊选读课有助于夯实学生创造性思维能力产生的基础。首先,本课程要求教学内容选材广泛且具有一定的难度,如英美主要报纸、杂志中的时事评论、社论、政论、专题报道等方面的文章,题材涉及社会、政治、经济、战争、环保、人口、国际关系、科学技术等方面。通过本课程的学习,学生能够熟悉外报外刊的语言规律和特点,构建和丰富外报外刊语言和文化的认知结构,从而提高学生阅读英文报刊的能力。

我们以端木教授的《美英报刊阅读教程》(高级本)(2006)为例,该教程的选材以文化社会为主,其内容按主题来分为 10 类,分别是:社会群体、政治体制、信仰观念、日常生活、行为风尚、社会问题、文教医疗、企业经济、科技军事和世界报道。可见题材广泛,有助于学生宽广知识面的培养。黄能(2006)认为尽管在精读以及泛读教材中文化与社会类所占比例也较高,却大大少于外刊选读课教材中的同类题材文章所占的比例。一句话,英语报刊集现代英语之大成,总统庄严的声明,民众轻松的闲聊,各学科的术语,各领域的行话,风土人情,乃至市井俚语,报刊英语无所不包(张健,2007: vi)。可见,外刊选读课题材广泛,更有助于学生宽广知识面的培养。

语言是文化的载体,是文化的主要表现形式,语言是社会民族文化的一个组成部分。不同民族有着不同的文化、历史、风俗习惯和风土人情等,各民族的文化和社会风俗又都在该民族的语言中表现出来。外刊作为我们了解西方社会与文化的一面镜子,在提升学生阅读能力、增进文化意识、提高跨文化交际能力中具有不可替代的作用。外刊选读课中处处体现了东西方文化、语言与思维之间的碰撞,如果教师能适时地加以引导,鼓励学生去比较、推理,开发其横向思维和纵向思维,学生定会受益匪浅。实际上,报刊所报道的是日新月异的大千世界,不断变化的社会文化。从报刊上我们不仅可以了解到新的动态,新的科技发明,新的社会现象,还可以获取新的理念,扩展思路,提高思维的灵活性,变通性和新颖性(端木义万,2000: 71)。所以,外刊选读课对培养学生的创新思维能力大有裨益。

第三节　外刊教学中学生创新思维能力培养的具体措施

创造性思维能力主要由两方面构成:一是形象思维能力,二是抽象思维能力。在学习中,不管哪一学科,不管是多么抽象的内容,如果得不到形象的支持,如果没有形象思维的参与,都很难顺利进行。所以,我们学习各门课程时,既要运用抽象思维法,也要运用形象思维法。就外刊教学中学生创新思维能力的培养而言,关键是如何正确训练学生的形象思维能力和抽象思维能力。

一、形象思维能力的培养

所谓形象思维,主要是指用直观形象和表象解决问题的思维,其特点是具体形象性、完整性和跳跃性。形象思维不仅以具体表象为材料,而且也离不开鲜明生动语言的参与。形象思维分为初级形式和高级形式两种。初级形式称为具体形象思维,就是主要凭借事物的具体形象或表象的联想来进行的思维。高级形式的形象思维就是言语形象思维,它是借助鲜明生动的语言表征,以形成具体的形象或表象来解决问题的思维过程,往往带有强烈的情绪色彩,其主要的心理成分是联想、表象、想象和情感。在外刊教学中,既要重视学生对外刊基本结构的认知,不可重点片面,也要注重学生言语形象思维的训练,以活跃其思维。

(一)建构知识的整体结构

传统英语报刊教学是一节一节、一章一章地学,从最佳学习方法来看这是少慢差费,不科学。

建构知识整体学习方法要求先理解和掌握知识的整体结构,以此为根基去理解部分知识内容。先把握知识结构层次和整体框架,使脑内浮现一张地图,形成整体架构,然后搞清部分与部分之间关系,形成整体认知结构。进一步区分知识的层次、方面和知识点,形成知识系统和整体结构。进而把握知识或事物的重点,分清重点和细节部分,集中精力理解并掌握知识重点和整体结构。在外刊选读课中,我们不提倡那种照本宣科式的传统教学法,因为刚刚接触外刊,学生的相关知识储备普遍不足,对新闻报道缺乏充分的认识,还难以完成从较为熟悉的文学语言到报刊语言这一新的文体上的转变,这样做只会导致学生认为外刊犹如空中楼阁,是无源之水,无本之木。

所以,我们首先要做的便是努力建构学生对外刊的整体结构的认知,比如,可采用展示法,即主要利用当代科技传媒手段,如图片、幻灯、影视等视听手段,在未学习教材之前就向学生展示有关新闻报道的一系列相关知识,如新闻报道的倒金字塔式的结构,报道的三个组成部分(标题、导语及主体)以及各自的特色,新闻报道的分类(如硬新闻与软新闻)和语言特色,英美报刊常见栏目(e.g. Man & Nature, Digest, Note, Tell it like it is)等,这样有利于从根本上构建学生的报刊知识结构,真正做到纲举目张,以增强教学内容的形象性、直观性,更容易激活学生思维,在此基础上学生才会进一步地去分析、理解新闻报道。此外,在授课过程中,我们也应当注意建构知识整体结构的重要性。以我国目前的外刊选读教材为例,每个单元中的新闻报道都出自英美等国家的著名报刊,在讲解之前,应该通过多媒体向学生展示相关报刊的历史、风格以及语言特色等;如果是专题新闻,如财经报道、体育报道、娱乐报道等,还要向学生展示每个专题诸如词汇、语法等方面的特色。

(二)鼓励学生多参加报刊实践活动

《大纲》在教学方法与教学手段中规定课堂教学要与学生的课外学习和实践活动相结合。课外学习和实践是课堂教学的延伸与扩展,是培养和发展学生能力的重要途径,应在教师的指导下有目的、有计划、有组织地进行。课外学习和实践活动应以课堂教学的内容为基础,激发学生的学习兴趣,以及培养学生的学习能力、语言综合运用能力、组织能力、交际能力、思维能力和创新能力。基于《大纲》的要求,我们主张在外刊教学上,必须摒弃那种通过理智分析传授知识概念的传统教法,因为语言毕竟是一门独特的形象艺术(张杰,2006:21)。鼓励学生自己动手,四五个人为一组,以校园内外亲历的事件为主题,按照基本要求去撰写英文新闻报道,充分发挥其主动性,以每学期5篇报道为宜;期中和期末可让学生齐动手,各编辑一份完整的英文报纸,让每班互相传阅、交流;安排学生以记者的身份到社会上去采访当地的居民,撰写与当地民生有关的英语新闻报道;鼓励学生到当地报社去实习,了解新闻创作的全过程;甚至可以以班级为单位,确立一个主题,模拟一场记者招待会,让学生充当主角,最后让学生就此创作一篇新闻评论。

著名科学家钱学森教授说过,人们对抽象思维的研究成果曾经大大推动了科学文化的发展。我们一旦掌握了形象思维学,会不会掀起又一次新的技术革命呢?对形象思维的运用和研究不仅有利于人才培养,而且它很可能对教育改革和技术革命带来深刻的变革,其深远意义不可低估。

二、抽象思维能力的培养

抽象思维是人们在认识活动中运用概念、判断、推理等思维形式,对客观现实进行间接、概括地反映的过程,属于理性认识阶段。抽象思维凭借科学的抽象概念对事物的本质和客观世界发展的深远过程进行反映,使人们通过认识活动获得远远超出靠感觉器官直接感知的知识。抽象思维涵盖了逆向思维、横向思维、纵向思维、发散思维等多种思维,相对而言,外刊阅读为培养学生的逆向思维和横向思维能力提供了较为丰富的素材,因此下面仅就如何开拓学生的逆向思维和横向思维进行探讨。

(一)发展逆向思维

逆向思维的合理性在于,它是辩证的思维,事物本身就有另一个对立的面,它能使我们考虑问题更全面。再加上我们的常规思维往往属于思维惯性和思维定式,对反面的东西思考一下,就是打破思维定式和惯性的方法(曾国平,2009:95)。逆向思维具有批判性,而批判才会产生创新。要达到抽象思维能力的提高,就要增强学生科学研究中的批判意识,因为批判的理解和思考才是创造性思维和新观点产生的基础(张杰,2006:21)。

在外刊教学中,要培养学生的抽象思维能力,首先就要帮助他们打破思维定式的障碍,即摆脱从众心理、不迷信权威和书本、不盲目尊奉传统和遵循先验(曾国平,2009),也就是让他们学会去分析、去批判。不同国家,不同性质的报纸反映不同的价值取向,文化观念和意识形态,所以西方新闻报道必然会渗透西方的文化观念。虽然新闻报道讲求客观性和公正性,但有时基于上述原因会难免掺杂一些个人色彩,甚至有失公允,尤其在对待中国及其他一些发展中国家的问题上。

譬如 Can China's Good Fortune Last?(Newsweek, Sep. 24, 2009)这篇文章首先对中国在全球化经济衰退情况下以较快的速度实现了经济的复苏表示肯定（e.g. China has had a very good year）然后引用了当今世界普遍流行的两种观点（Extrapolators & Bubblers）对这一问题进行了剖析，最后列出自己的观点，认为两种观点都有正确的成分，不偏不倚，属于第三大阵营。这篇报道看似较客观地评价了中国经济已走出了经济危机的阴影，然而，其存在着明显地歧视中国和中国经济的成分，对中国在国际社会中应扮演的角色也颇有微词，存在抵触情绪。比如在措辞方面，出现了较多的贬义词（e.g. aggressive, throw weight around on, unsustainable, crash, immature, vulnerability, fragile, etc.），其次，文章多次谈到了中美之间的经济问题，认为现在的中国经济类似20世纪的美国经济，复苏只是短暂的，以后会面临更大的经济灾难，会重蹈美国经济的覆辙；还认为中国过于脆弱（fragile and weak），根本无力承担促进世界和平与发展的重任（e.g. the Chinese elite would view themselves as too weak and fragile to oblige）。

　　毋庸置疑，中国作为发展中国家，一直在不遗余力地为促进世界的和平与发展而不懈努力，比如联合国副秘书长安瓦尔·乔杜里先生在接受《上海金融报》（2006年10月27日）记者采访时表示：中国对39个最欠发达的国家做出了非常重要的帮助，向许多欠发达国家开放了免关税市场，向一些最欠发达国家和地区资助了一些贷款，而且是不计利息的，同时也向来自这些地区的学生和政府官员们提供了接受高等教育和交流的机会。该报道在没有调查没有发言权的条件下，盲目抨击中国经济的发展是不和谐的，会昙花一现，全然不顾中国的主流是好的这一客观事实。这样做的目的只有一个：中国在慢慢走向强大，发达国家却很难改变对中国的歧视，但又不得不承认中国确实强大了，心里不舒服，不希望中国强大。归根到底是为了维护美国的政治经济利益。所以，在阅读类似的报道时，要告诫学生不可盲目偏信报道的客观性，一定要打破思维定式，去批判地阅读，批判地理解，要多问几个"为什么"。必要时，可以让学生去分组讨论，开展课题研讨或对相关课题进行辩论，有利于拓展思路，创新思维。

　　（二）发展横向思维

　　横向思维是一种共时性的横断思维，是截取历史的某一横断面，研究的是同一事物不同环境中的发展状况,并通过同周围事物的相互关系和相互比较中,找出该事物在不同环境中的异同的一种思维活动,它对学生的创新性思维的形成有重要意义(曾国平,2009:132)。在阅读外刊时,经常会发现对同一热点问题,由于通讯社不同,往往会有不同角度、不同程度的报道。这恰恰是我们教学中不可多得的素材,经常准备一些类似的报道供学生阅读,不但有利于锻炼学生的发散思维,而且更能培养他们的横向思维能力。

比如,在美国匹兹堡举行的 20 国集团峰会,英国《卫报》(Sep. 26,2009)有一篇题为 *G20 Leaders Map out New Economic Order at Pittsburgh Summit* 报道,美国《纽约时报》(Sep. 25,2009)也有类似报道 *Group of 20 Agrees on Far-Reaching Economic Plan*,两者均报道了该峰会的进展情况。针对这两篇报道,笔者提出如下问题:What are the differences and similarities between the two? 学生讨论异常热烈,思维非常活跃,各抒己见,尤其在讨论二者的不同之处时,很多学生从不同角度表达了他们的观点。最后大家就不同点达成共识:前者报道较为客观,既有赞扬的言辞,如 effective, responsible, save jobs, reasserting, adamant, etc. 也有批评的话语,比如,该报道还谈到了当地的居民以示威游行来反对峰会,当地警方不惜动用催泪弹来驱散游行队伍,并且还报道了中国以及世界上其他国家的不同呼声;后者只报喜不报忧,有失公允,如 "We have achieved a level of tangible, global economic cooperation that we've never seen before." 和 "The decision reflected both symbolic and practical needs." 文章中充满了对该峰会的褒奖,对示威却只字未提。教师还可以就此继续引导学生思考更深层次的问题:造成二者差异的主要原因是什么? 学生在经过思考和讨论之后就会意识到主要原因是由于两种报纸的办刊宗旨不同,都要为不同的利益集团服务,进而让学生明白举办峰会的最终目的就是要求同存异,谋取共同发展。这样既锻炼了学生的分析、综合能力,又发展了他们的横向思维能力。

【小结】

综上所述,在外刊选读教学中,根据新闻话语的语体特征来进行学生创新思维能力的培养是切实可行的。因此,我们有理由认为外刊教学中必须两手抓,一手抓学生的语言技能训练,一手抓创新思维能力的培养,只有这样学生才能真正学会两条腿走路,同时也把外刊教学提高到更高的水平,有效促进复合型人才培养。

第十四章

结 论

作为一种社会实践,新闻话语在话语分析领域扮演愈来愈重要的角色。对新闻话语的探讨有助于深入了解话语主体与社会的互动过程和规律,进一步考察语言中形式和意义的复杂互动关系,对充分挖掘语言本质有重要意义。此外,作为传播学领域的重要话语实践之一,了解新闻话语实践对于如何讲好中国故事,传播好中国声音以及建设有中国特色的学科体系、学术体系和话语体系具有举足轻重的作用。本书主要从社会符号学的视角对新闻话语这个特殊语体的语篇语义特征展开多维度的详细探讨,研究语料全部来自中美英三个国家的主流媒体,涉及各类新闻报道和评论,兼顾封闭语料和开放语料。通过研究我们发现:

1. 从叙事学角度来看,新闻话语主要采用预设、回应、提及、转述、否定、用典和仿拟等七种明显互文性策略以及融合型、镶嵌型和链接型三种体裁互文性策略来建构其语篇语义特征;在五种言语转述策略中,直接引语和间接引语的使用比例最高,它们均从很大程度上体现了报道者的立场和态度。

2. 基于功能文体学理论,无论是共时研究还是历时研究,报道者对词汇语法系统和音系/字系的选择体现了新闻语篇的意义潜势,而这些意义潜势与情景语境密切相关,充分体现了话语实践中的语场、语旨与语式特征,并与更高层次的符号系统——文化语境(主要包括意识形态和体裁)相适应。

3. 从批评认知语言学角度看,新闻语篇通过意象图式、空间观等多种认知模型和概念结构的使用,建构了权力、话语和意识形态三者动态互动关系。在分析语言表达背后的认知机制基础上,增进对人们认知世界基本方法的了解。

4. 基于关联理论,认知环境互明和最佳关联与新闻语篇解读密切相关,顺利实现新闻话语的传播目的意味着必须重视关联理论的重要作用。

5. 从教学角度看,欲提高学生的媒介素养,就要增强他们对新闻话语特殊语体特征的认知,通过多种途径发展其创新思维能力和思辨能力。

本书从不同维度探讨新闻话语产出过程,深入了解各种话语策略的社会效应,达成了对该语体的重要认知,并为新闻话语分析提供了多种思路和方法。然而,本书也存在一定不足之处,比如受研究语料规模所限,所得结论有时难免以偏概全。其次,对报刊教学中的思政教育关注不够等。针对上述不足,我们将在未来的新闻话语研究中进一步完善。

附　录

16. 我国深地科学探索取得突破性进展——2023 年 5 月 2 日中央电视台新闻联播【新思想引领新征程】

17. 加强基础研究 助力强国建设民族复兴——2023 年 5 月 6 日中央电视台新闻联播【新思想引领新征程】

18.China Uneasy over US Troop Deal in Australia（*The Guardian*, November 16,2011）

19.US, Australia Military Relations Get Closer（*China Daily*, November 16,2011 ）

20.A US Marine Base for Australia Irritates China（*New York Times*, November 16,2011 ）

21.Tensions with Japan Increase as China Sends Patrol Boats to Disputed Islands

（*Time*, September 14,2012）

22.Japan Says Chinese Captain to Be Released（*New York Times*, September 24,2010）

23.The World Hopes for Its First President（*Newsweek*, November 1,2008）

24.After a night of rioting in Baltimore, fear of violence leads to closures（Washington Post, April 28,2015）

25.Troops roll in to Baltimore as Obama urges US to start 'soul-searching（The Guardian, April 28,2015）

26.Right Ideas, Wrong Time（*Newsweek*, March 15,2007）

27.Suspected Mastermind of 9/11 Confesses（T*he Washingtonpost*, March 15,2007）

28.Dozens Dead, Scores Wounded in Jordan Hotel Attack（*New York Times*, November 10,2005）

29.Japan, Australia Sign Defense Pact（*The Christian Science Monitor*, March 15,2007）

30.New Strain of Mad Cow Disease Discovered（*The Washingtonpost*, February 17,2004）

31.GPs Told：Prepare for 14 Million Flu Victims（*The Guardian*, October 16,2005）

32. Three Days that Shook the World (*Reader's Digest*, January 21, 1992)

33. Kobe erupts for 65 to edge Blazers (*China Daily*, March 17, 2007)

34. France's Sarks Is Too American (*Newsweek*, March 16, 2007)

35. The Moderns (*Newsweek*, March 15, 2007)

36. Jowell joins condemnation of 'stick-thin' catwalk models (*The Guardian*, September 16, 2006)

37. Rising Trouble With Mortgages Clouds Dream of Owning Home (*The New York Times*, March 17, 2007)

38. Clinton Clinches His Second Term (*China Daily*, November 7, 1996)

39. Pining for Irish Soil? You Can Buy It by the Bag (*New York Times*, March 17, 2007)

40. Wen: SCO trade is set to double (*China Daily*, September 16, 2006)

41. Nurses: Pay Us to Match Scots (*The Guardian*, March15, 2006)

42. Can China's Good Fortune Last? (*Newsweek*, Sep.24, 2009)

43. G20 Leaders Map out New Economic Order at Pittsburgh Summit (*The Guardian*, September 26, 2009)

44. Group of 20 Agrees on Far-Reaching Economic Plan (*New York Times*, September 26, 2009)

45. A Dark Day for the World (*The Guardian*, November 8, 2016)

46. How each of us can Help Keep America Inclusive, even under Trump (*The Washington Post*, November 8, 2016)

47. China (*The Guardian*, November 5, 1949)

48. China (*The Guardian*, June 24, 1950)

49. Premiers on China (*The Guardian*, January 6, 1951)

50. Land reform in China (*The Guardian*, December 4, 1952)

51. China (*The Guardian*, October 7, 1953)

52. Beyond Indo-China (*The Guardian*, July 17, 1954)

53. China's Tactics (*The Guardian*, February 23, 1955)

54.Mao in Europe (*The Guardian*, November 5, 1957)

55.Peking Harmony (*The Guardian*, August 4, 1958)

56.South-east from Tibet (*The Guardian*, April 15, 1959)

57.China's sorrow (*The Guardian*, December 30, 1960)

58.China and the United Nations (*The Guardian*, December 2, 1961)

59.Counting the harvest in China (*The Guardian*, March 26, 1962)

60.The season for China crises (*The Guardian*, August 10, 1963)

61.China at the unclear threshold (*The Guardian*, October 1, 1964)

62.China and the outside world (*The Guardian*, November 6, 1965)

63.China draws attention to itself (*The Guardian*, February 8, 1966)

64.China's long nightmare (*The Guardian*, August 21, 1967)

65.China as a Great Power (*The Guardian*, October 29, 1968)

66.Chance of a Chinese thaw (*The Guardian*, January 7, 1969)

67.The real China at the UN (*The Guardian*, November 12, 1970)

68.Ping pong is not enough (*The Guardian*, April 8, 1971)

69.China speaks for the poor (*The Guardian*, April 18, 1972)

70.Chou has to watch his step (*The Guardian*, September 5, 1973)

71.China's new island race (*The Guardian*, January 21, 1974)

72.Another Chiang in Taiwan (*The Guardian*, April 7, 1975)

73.Throes around the throne (*The Guardian*, October 14, 1976)

74.China listens in silence (*The Guardian*, August 24, 1977)

75.China in a more complicated world (*The Guardian*, August 31, 1978)

76.China's risk grows greater (*The Guardian*, March 1, 1979)

77.What Mao said about leeks (*The Guardian*, December 31, 1980)

78.The end of Mao: official (*The Guardian*, July 4, 1981)

79.The old man of Peking (*The Guardian*, February 9, 1982)

80.The plastic willow pattern (*The Guardian*, April 8, 1983)

81.Hong Kong and a chance of a future (*The Guardian*, May 16, 1984)

82.On the streets of Shanghai (*The Guardian*, December 23, 1986)

83.China's long march forward (*The Guardian*, October 31, 1987)

84.Peking's new team (*The Guardian*, April 13, 1988)

85.Pause, until the madness passes (*The Guardian*, June 9, 1989)

86.An agenda for China (*The Guardian*, June 24, 1990)

87.Saving China from the abyss (*The Guardian*, January 2, 1991)

88.Tanks and prosperity? (*The Guardian*, June 5, 1992)

89.China and the test (*The Guardian*, October 6, 1993)

90.The China syndrome (*The Guardian*, March 11, 1994)

91.China and the limits of realism (*The Guardian*, May 23, 1995)

92.China's gunboats (*The Guardian*, March 11, 1996)

93.China rues the Tigers (*The Guardian*, November 29, 1997)

94.Tony Blair in China (*The Guardian*, October 7, 1998)

95.China's market opening (*The Guardian*, Nov. 16, 1999)

96.Rising in the east (*The Guardian*, May 26, 2000)

97.China puts US in check (*The Guardian*, April 5, 2001)

98.Taiwan in the firing line (*The Guardian*, August 6, 2002)

99.Hong Kong's flawed law (*The Guardian*, June 30, 2003)

100.From boom to bloom (*The Guardian*, November 10, 2004)

101.Enter the dragon (*The Guardian*, July 22, 2005)

102.Scrambling to Beijing (*The Guardian*, November 4, 2006)

103.China needs to clean up its act (*The Guardian*, July 8, 2007)

104.Brown should not rule out a Beijing boycott (*The Guardian*, March 30, 2008)

105.Britain and China: Death deplored (*The Guardian*, December 30, 2009)

106.China: Internet censorship and cyber heists (*The Guardian*, February 15, 2010)

107.China's first aircraft carrier: From Russia with love (*The Guardian*, August 11, 2011)

108.Chinese economy: headaches to die for (*The Guardian*,

January 20, 2012）

109.Xi Jinping: the journey starts（*The Guardian*, March 14, 2013）

110.The Guardian view on charges China is reneging on its Hong Kong promises（*The Guardian*, July 20, 2014）

111.The Guardian view on China's meltdown: the end of a flawed globalization（*The Guardian*, September 1, 2015）

112.The Guardian view on the South China Sea: high time for compromise（*The Guardian*, February 24, 2016）

113.The Guardian view on Xi Jinping: the life and soul of the party（*The Guardian*, October 18, 2017）

114.The Guardian view on US-China antagonism（*The Guardian*, December 31, 2018）

115.The Guardian view on the People's Republic of China at 70: whose history?（*The Guardian*, September 30, 2019）

参考文献

[1] Baker, P. & Gabrielators, C. 2008. A useful methodological synergy: Combining critical discourse analysis and corpus linguistics to examine discourses of refugees and asylum seekers in the UK press [J]. *Discourse and Society*, 19 (3): 273-306.

[2] Bakhtin, M. M. 1981. *The Dialogic Imagination: Four Essays* [M]. Austin TX: University of Texas Press.

[3] Baratta, A. 2010. Nominalization development across an undergraduate academic degree program [J]. *Journal of Pragmatics*, 42 (4): 1017-1036.

[4] Bell, A. 1991. *The Language of News Media* [M]. Oxford: OUP.

[5] Billig, M. 2008. The language of critical discourse analysis: The case of nominalization[J]. *Discourse and Society*, 19 (2): 783-800.

[6] Birch, D. 1988. Expanding semantic options for reading early modern English [A]. In D. Birch & M. O'Toole. *Functions of Style* [C]. London: Pinter. 32-52.

[7] Birch, D. 2005. *Language, Literature and Critical Practice* [M]. London and New York: Routledge.

[8] Birch, D. & M. O'Toole (eds.). 1988. *Functions of Style* [C]. London: Pinter.

[9] Boulding, K. E. 1959. National images and international system[J]. *Journal of Conflict Resolution*, (3): 123-131.

[10] Brook, G. L. (1979). *Varieties of English* (2nd edition)[M]. London: Macmillan Press Ltd.

[11] Brown, G. & G. Yule. 2000. *Discourse Analysis* [M]. Beijing: Foreign Language Teaching and Research Press.

[12] Canning, P. 2014. Functionalist stylistics [A]. In M. Burke (ed.). *The RoutledgeHandbook of Stylistics* [C].London and New York: Routledge. 123-141.

[13] Charles, M. 2003. A Corpus-based study of the use of nouns to construct stance in theses from two contrasting disciplines [J]. *Journal of English for Academic Purposes*, 2 (4): 313-326.

[14] Chen, G-m. 2001. Towards transcultural understanding: A harmony theory of Chinese communication [A]. In V. H. Milhouse, M. K. Asante and P. O. Nwosu (eds.). *Transculture: Interdisciplinary Perspectives on Cross-cultural Relations* [C]. Thousand Oaks, CA: Sage. 102-143.

[15] Chilton, P. 2005b. Missing links in mainstream CDA: Modules, blends and the critical instinct [A]. R. Wodak & P. Chilton (eds.). *A New Research Agenda in Critical Discourse Analysis: Theory and interdisciplinarity* [C]. Amsterdam: John Benjamins. 76-96.

[16] Collins, P.1994. Extraposition in English [J]. *Functions of Language*, (11): 7-24.

[17] Crystal, D. & D. Davy. 1969. *Investigating English Style* [M]. London: Longman.

[18] Dessen, A. C.1977. *Elizabethan Drama and the Viewer's Eye* [M]. Chapel Hill, NC: North Carolina University Press.

[19] Dirven, R. R. Frank & C. IIie (eds.). 2001. *Language and Ideology* (Volume Ⅱ): *Descriptive Cognitive Approaches* [C]. Amsterdam: John Benjamins.

[20] Dominick, J. R. 1994. *The Dynamics of Mass Communication* [M]. New York: McGraw-Hill, Inc.

[21] Edelman, M. 1977. *Language and Politics* [M]. New York: Academic Press.

[22] Edward, S. H. & N. Chomsky. 2002. *Manufacturing Consent: The Political Economy of the Mass Media* [M]. New York: Pantheon Books.

[23] Eggins, S. 1994. *An Introduction to Systemic Functional Linguistics* [M]. London and New York： Continuum.

[24] Elam, K. 1981. *The Semiotics of Theatre and Drama* [M]. London： Methuen.

[25] Evans, M. 2018. Style and chronology： A stylometric investigation of Aphra Behn's dramatic style and the dating of The Young King [J]. *Language & Literature*,(2)： 103-132.

[26] Fairclough, N. 1992. *Discourse and Social Change* [M]. Cambridge： Polity Press.

[27] Fish, S. 1973. What is stylistics and why are they saying such terrible things about it ?[A]. In S. Chatman (ed.). *Approaches to Poetics* [C]. London & New York： Columbia University Press. 109-152.

[28] Fishman, M. 1980. *Manufacturing the News* [M]. Austin： University of Texas Press.

[29] Flowerdew, J. (ed.). 2002. *Academic Discourse* [C]. Harlow： Longman.

[30] Flowerdew, J. & T. Dudley-Evans. 2002. Genre analysis of editorial letters to international journal contributors [J]. *Applied Linguistics*,23 (4)： 463-489.

[31] Fludernik, M. 1996. Linguistics and literature： Prospects and horizons in the study of prose [J]. *Journal of Pragmatics*,26 (5)： 583-611.

[32] Foley, J. 1995. Form criticism and genre theory [J]. *Language & Literature*,4 (3)： 173-191.

[33] Fowler, R. 1991. *Language in the News： Discourse and Ideology in the Press* [M]. London/New York： Routledge.

[34] Friedman, E. 2009. China-Driven Development [J]. *Beijing Review*,52 (05)： 12-13.

[35] Geis, M. L. 1987. *The Language of Politics* [M]. New York： Springer-Verlag.

[36] Halliday, M.A.K. (1971). Linguistic function and literary Style： An inquiry into the language of William Golding's *The

Inheritors [A]. In S. Chatman（ed.）. *Literary Style：A Symposium* [C]. Oxford：Oxford University Press. 330-368.

[37] Halliday, M. A. K. 1973. *Explorations in the Functions of Language* [M]. London：Edward Arnold.

[38] Halliday, M. A. K. 1978. *Language as Social Semiotic：The Social Interpretation of Language and Meaning* [M]. London：Arnold.

[39] Halliday, M. A. K. 1985. *An Introduction to Functional Grammar*（1st Edition）[M]. London：Edward Arnold.

[40] Halliday, M. A. K. 1994. *An Introduction to Functional Grammar*（2nd Edition）[M]. London：Edward Arnold.

[41] Halliday, M. A.K.2004. *An Introduction to Functional Grammar*（3rd edition）［M］.London：Edward Arnold.

[42] Halliday, M. A. K. 2004. *Language of Science* [M]. London & New York：Continuum.

[43] Halliday, M. A. K. 2004. Things and Relations：Regrammaticizing Experience as Technical Knowledge [A]. In J. J. Webster（ed.）.*The Language of Science*[C].London：Continuum. 49 — 101.

[44] Halliday, M. A. K & C. M. I. M. Matthiessen. 2014. *Halliday*'s *Introduction toFunctional Grammar*（4th edition）[M]. London & New York：Routledge.

[45] Hart, C. 2014. *Discourse, Grammar and Ideology* [M]. New York：Bloomsbury.

[46] Hart, C. 2019. Introduction [A]. In C. Hart（ed.）. *Cognitive Linguistic Approaches to Text and Discourse：From Poetics to Politics* [C]. Edinburgh：Edinburgh University Press. 1-19.

[47] Hasan, R. 1989. *Linguistics, Language and Verbal Art*（2nd Edition）[M]. Oxford：Oxford University Press.

[48] Hasan, R. 1996. *Ways of Saying：Ways of Meaning* [M]. London：Cassell.

[49] Hasan, R. 2009. The place of context in a systemic functional model [A]. In M. A. K. Halliday & J. Webster（eds.）. *Continuum Companion to Systemic FunctionalLinguistics* [C]. London：

Continuum. 46-62.

[50] Helen, R. 2016. *The Language of Cosmetics Advertising* [M]. London：Palgrave.

[51] Hodge, R. & G. Kress. 1993. *Language as Ideology*（2nd edition）[M]. London & New York：Routledge.

[52] Hodson, J. & A. Broadhead. 2013. Developments in literary dialect representation in British fiction 1800-1836 [J]. *Language & Literature*,22（4）：315-332.

[53] Hoey, M. 2001. *Textual Interaction：An Introduction to Written Discourse Analysis* [M]. London & New York：Routledge.

[54] Hoover, D. L. & S. Lattig. 2007. Introduction[A]. In D. L. Hoover & S. Lattig（eds.）. *Stylistics：Prospect & Retrospect* [C]. Amsterdam：Rodopi. XV~XXI.

[55] Huang, G. W.& R. Fawcett.1996. A functional approach to two focusing constructions in English and Chinese [J].*Language Sciences*,18（1-2）：179-194.

[56] Jakobson, R. 1960.Closing statement：linguistics and poetics [A]. In T. A. Sebeok（ed.）. *Style in Language* [C]. 350-377.

[57] Jakobson, R. 1966. Grammatical parallelism and its Russian facet [J]. *Language*,42（2）：399-429.

[58] Jarvis, R. 1970. *The Logic of Images in International Relations* [M]. Princeton：Princeton University Press.

[59] Jeffries, L. 2007. *Textual Construction of the Female Body：A Critical Discourse Approach* [M]. Houndmills/Basingstoke/ Hampshire：Palgrave Macmillan.

[60] Jeffries, L. 2016. Critical stylistics [A]. In V. Sotirova（ed.）. *The Bloomsbury Companion to Stylistics* [C]. London & New York：Bloomsbury. 157-176.

[61] Jeffries, L. & D. McIntyre. 2010. *Stylistics* [M]. Cambridge：Cambridge University Press.

[62] Jeffries, L. & B. Walker. 2017. *Keywords in the Press：The New Labour Years* [M]. London：Bloomsbury.

[63] Jucker, A. H. 1992. *Social Stylistics：Syntactic Variation in*

British Newspapers [M]. Berlin: Mouton de Gruyter.

[64] Jucker, A. H. & D. Landert. 2015. Historical pragmatics and early speech recordings: Diachronic developments in turn-taking and narrative structure in radio talk shows [J]. *Journal of Pragmatics*, Vol. 79: 22~39.

[65] Kristeva, J. 1967. Bakhtin, le mot, le dialogue et le roman [J]. *Critique*（23）: 438-465.

[66] Kristeva, J. 1986. *The Kristeva Reader* [M]. Oxford: Basil Blackwell.

[67] Lakoff, G. 1987. *Women, Fire and Dangerous Things: What Categories Reveal about the Mind* [M]. Chicago: University of Chicago Press.

[68] Leech, G. N. & Short, M. H. 1981. *Style in Fiction: A Linguistic Introduction to English Fictional Prose* [M]. London: Longman.

[69] Levin, S. R. 1962. *Linguistic Structures in Poetry* [M]. The Hague: Mouton.

[70] Li, Fang & D. Kellogg. 2018. Mountains in labour: Eliot's 'Atrocities' and Woolf's alternatives[J]. *Language & Literature*, 27（4）: 258~270.

[71] Lin, B. 2013. Stylistics in translation [A]. In P. Stockwell & S. Whitely（eds.）. *Cambridge Handbook of Stylistics* [C]. Cambridge: Cambridge University Press. 575-591.

[72] Liss, C. L. 2003. Career Development of Statisticians in the Pharmaceutical Industry [J]. *Therapeutic Innovation & Regulatory Science*, 37（2）: 177-183.

[73] Martin, J. R. 1992. *Cultures in Organizations: Three Perspectives* [M]. New York: Oxford University Press.

[74] Martin, J. R. 1996a. Evaluating disruption: Symbolizing theme in junior secondary narrative [A]. In R. Hasan & G. Williams（eds.）. *Literacy and Society* [C]. Harlow: Longman. 124-171.

[75] Martin, J. R. 1996b. Metalinguistic diversity: the case from case [A]. In R. Hasan, C. Cloran & D. Butt（eds.）. *Functional*

Descriptions: *Theory in Practice* [C]. Amsterdam/ Philadelphia: John Benjamins Publishing Company. 323-374.

[76] Martin, J. R. 2000. Beyond exchange: Appraisal systems in English [A]. In S. Hunston & G. Thompson (eds.). *Evaluation in Text*: *Authorial Stance and the Construction of Discourse* [C]. Oxford: Oxford University Press. 142-175.

[77] Martin, J. R. 2006. Genre, ideology and intertextuality: A systemic-functional perspective [J]. *Linguistics and the Human Sciences*, 2 (2): 275-298.

[78] Martin, J. R. & D. Rose. 2007. *Working with Discourse*: *Meaning beyond the Clause* [M]. London: Bloomsbury Academic.

[79] Mills, S. 1989a. No poetry for ladies: Gertrude Stein, Julia Kristeva and modernism [A]. In D. Murray (ed.). *Literary Theory and Poetry* [C]. London: Batsford. 85-107.

[80] Mills, S. 1989b. Poetics and linguistics: A critical relation? [J]. *Parlance*, 2 (1): 25-35.

[81] Mills, S. 1995. *Feminist Stylistics* [M]. London & New York: Routledge.

[82] Mills, S. 1998. Post-feminist text analysis [J]. *Language & Literature*, 7 (3): 235-253.

[83] Minow-Pinkney, M. 1989. *Virginia Woolf and the Problem of the Subject*: *Feminine Writing in the Major Novels* [M]. Hemel Hempstead: Harvester Wheatsheaf.

[84] Moi, T. 1985. *Sexual/Textual Politics* [M]. London: Methuen.

[85] Montgomery, M. 2005. The discourse of war after 9/11[J]. *Language & Literature*, 14 (2): 149-180.

[86] Morini, M. 2013. Towards a musical stylistics: Movement in Kate Bush's 'Running Up That Hill' [J]. *Language & Literature*, 22 (4): 283-297.

[87] O' Donnell, W. R. & L. Todd. 1991. *Variety in Contemporary English* (2nd edition)[M]. London: Harper Collins Academic.

[88] Page, R. E. 2003. An analysis of APPRAISAL in childbirth narratives with special consideration of gender and story telling style

[J]. *Text*, 23（2）: 211-237.

[89] Pearce, M. 2005. Informalization in UK party election broadcasts 1966-97 [J]. *Language & Literature*, 14（1）: 65-90.

[90] Philpot, D. K. 2017. *Character Focalization in Children's Novels* [M]. Houndmills / Basingstoke / Hampshire: Palgrave Macmillan.

[91] Poppel, L. 2007. The rhetoric of Pravda editorials: A diachronic study of a political genre [D]. [PhD. dissertation]. Stockholm: Stockholm University.

[92] Pratt, M. L. 1977. *Towards a Speech Act Theory of Literary Discourse* [M]. Bloomington: Indiana University Press.

[93] Renkema, J. 2009. *Introduction to Discourse Studies* [M]. Shanghai: Shanghai Foreign Language Education Press.

[94] Rusi, A. 1998. Image research and image politics in international relations: Transformation of power politics in the television age [J]. *Cooperation and Conflict*,（1）: 29-42.

[95] Saussure, F. 1983. *Course in General Linguistics* [M]. London: Duckworth.

[96] Shi, Xu. 2017. *What Is Discourse Research?* [M]. Shanghai: Shanghai Foreign Language Education Press.

[97] Simpson, P. 2004. *Stylistics——A Resource Book for Students* [M]. London & New York: Routledge.

[98] Sinclair, J. 2004. Planes of discourse [A]. In J. Sinclair & R. Carter. *Trust the Text—Language, Corpus and Discourse* [C]. New York: Routledge. 51-66.

[99] Sperber, D. & D. 2001. Wilson. *Relevance: Communication and Cognition* [M]. Beijing: Beijing Foreign Language Teaching and Research Press.

[100] Stubbs, M. 1997. Whorf's children: Critical comments on critical discourse analysis [A]. In A. Ryan & A. Wray（eds.）. *Evolving Models of Language* [C]. Clevedon: British Association for Applied Linguistics. 100-116.

[101] Swales, J. 2004. *Research Genres: Explorations and*

Applications［M］. Cambridge： Cambridge University Press.

[102] Taavitsainen, I. 1994. Subjectivity as a text-type marker in historical stylistics [J]. *Language & Literature*, 3（3）： 197-212.

[103] Tanaka, K. 1999. *Advertising Language： A Pragmatic Approach to Advertisements in Britain and Japan* [M]. London： Routledge.

[104] Tanaka, R. 1972. Action and meaning in literary theory[J]. *Journal of Literary Semantics*, 1（1）： 41-56.

[105] Thibault, P. 1988. Knowing what you're told by the Agony Aunts： Language function, gender difference and the structure of knowledge and belief in the personal columns [A]. In D. Birch & M. O'Toole（eds.）. *Functions of Style* [C]. London & New York： Pinter Publishers. 205-233.

[106] Thompson, Geoff.2012. *Introducing Functional Grammar* [M].Beijing： Foreign Language Teaching and Research Press.

[107] Thornborrow, J. 1997. Playing power： gendered discourses in a computer games magazine [J]. *Language & Literature*, 6（1）： 43-55.

[108] Threadgold, T. 1988. Stories of race and gender： An unbounded discourse [A]. In D. Birch & M. O'Toole（eds.）. *Functions of Style* [C]. London & New York： Pinter Publishers.169-204.

[109] Thurlow, C. 2003. Generation Txt? The sociolinguistics of young people's text-messaging [J/OL]. *Discourse Analysis Online*. http： //extra.shu.ac.uk/daol/

[110] articles/v1/n1/a3/thurlow2002003.html. [2023-01-09].

[111] Tobin, V. 2009. Cognitive bias and the poetics of surprise [J]. *Language & Literature*, 18（2）： 155-172.

[112] Tognini-Bonelli, E. & G. D. L. 2005. Camiciotti. Strategies in Academic Discourse [M]. Amsterdam & Philedalphia： John Benjamins.

[113] Toolan, M. 1992. The significations of representing dialect in writing[J]. *Language & Literature*, 1（1）： 29-46.

[114] Toolan, M. 1997. What is critical discourse analysis and why are people saying such terrible things about it? [J]. *Language &*

Literature, 6（2）：83-103.

[115] Toolan, M. 1998. *Language in Literature： An Introduction to Stylistics* [M]. London：Arnold.

[116] Tsur, R. 1992. *What Makes Sound Patterns Expressive? The Poetic Mode of Speech Perception* [M]. London：Duke University Press.

[117] Turci, M. 2007. The meaning of 'dark' in Joseph Conrad's Heart of Darkness [A]. In D. R. Miller & M. Turci（eds.）. *Language and Verbal Art Revisited： Linguistic Approaches to the Study of Literature*[C]. London：Equinox. 97-114.

[118] Turner, M. 1991. *Reading Minds： The Study of English in the Age of Cognitive Science* [M]. Princeton, NJ：Princeton University Press.

[119] Twose, G. & C. B. McCully. 2001. Adverbial function in English verse：The case of thus [J]. *Language & Literature*, 10（4）：291-306.

[120] Urbach, C. 2013. Choice in relation to context：A diachronic perspective [A]. In L. Fontaine, T. Bartlett & G. O'Grady（eds.）. *Systemic Functional Linguistics：Exploring Choice* [C]. New York：Cambridge University Press. 300-317.

[121] Van Dijk, T. A. 1988. *News as Discourse* [M]. Hillsdale, NJ：Lawrence Erlbaum Associates Publishers.

[122] Van Dijk, T. A. 2001. Multidisciplinary CDA：A plea for diversity [A]. In R. Wodak & M. Meyer（eds.）. *Methods of Critical Discourse Analysis* [C]. London：SAGE. 42-65.

[123] Van Dijk, T. A. 2009. *Society and Discourse：How Social Contexts Influence Text and Talk* [M]. Cambridge：Cambridge University Press.

[124] Van Hulle, D. & M. Kestemont. 2016. Periodizing Samuel Beckett's works：A stylochronometric approach [J]. *Style*, 50（2）：172-202.

[125] Van Krieken, K. & J. Sanders. 2016. Diachronic changes in forms and functions of reported discourse in news narratives [J].

Journal of Pragmatics, 91（6）：45-59.

[126] Van Peer, W. 1988. *The Taming of the Text* [M]. London：Routledge.

[127] Van Peer, W. 1993. Typographic foregrounding[J]. *Language & Literature*, 2（1）：49-61.

[128] Vande Kopple, W. J. 1998. Relative clauses in spectroscopic articles in the Physical Review, beginnings and 1980 [J]. *Written Communication*, 15（2）：170-202.

[129] Vilha, M. 1999. *Medical Writing：Modality in Focus* [M]. Amsterdam：Rodopi.

[130] Vis, K. J. Sanders & W. Spooren. 2012. Diachronic changes in subjectivity and stance ——A Corpus linguistic study of Dutch news texts [J]. *Discourse, Context and Media*, 1（2-3）：95-102.

[131] Veron, E. 1971. Ideology and the social sciences [J]. *Semiotica*, 3（1）：78-101.

[132] Voice, M. & S. Whiteley. 2019. 'Y'all don't wanna hear me, you just wanna dance'：A cognitive approach to listener attention in OutKast's 'Hey Ya!' [J]. *Language & Literature*, 28（1）：7-22.

[133] Wales, K. 1990. A Dictionary of Stylistics（1st edition）[Z]. London：Longman.

[134] Wales, K. 1992. *The Language of James Joyce* [M]. London：Macmillan.

[135] Wales, K. 2012. A celebration of style：Retrospect and prospect [J]. *Language and Literature*, 21（1）：9-11.

[136] Walsh, C. 2016. Shades of grey? A Feminist stylistic approach to the representation of

[137] heterosexual desire in E. L. James' Fifty Shades Trilogy [A]. In V. Sotirova（ed.）. *The Bloomsbury Companion to Stylistics* [C]. London & New York：Bloomsbury. 122-138.

[138] Watson, G. 2006. The bedroom blues：Love and lust in the lyrics of early female blues artists [J]. *Language & Literature*, 15（4）：331-357.

[139] Watson, G. 2008. Preface [A]. In G. Watson（ed.）. *The State*

of Stylistics[C]. Amsterdam： Rodopi. XVII-XXII.

[140] Watson, G. 2012. Pragmatic acts of love[J]. *Language & Literature*, 21（2）： 150-169.

[141] Waugh, L. R. 1995. Reported speech in journalistic discourse： The relation of function and text [J]. *Text*, 15（1）： 129-173.

[142] Weber, J. J.（ed.）. 1992. *Critical Analysis of Fiction： Essays in Discourse Stylistics* [C]. Amsterdam： Rodopi.

[143] Webster, J. J. 2015.*Understanding Verbal Art： A Functional Linguistic Approach* [M]. London： Springer.

[144] Wells, S. 1970. *Literature and Drama* [M]. London： Routledge and Kegan Paul.

[145] Westin, I. & C. 2002. Geisler. A multi-dimensional study of diachronic variation in British newspaper editorials [J]. *Icame Journal*,（26）： 133-152.

[146] Widdowson, H. G. 1995. Discourse analysis： a critical view [J]. *Language & Literature*,（3）： 157-172.

[147] Widdowson, H. G. 2004. *Text, Context, Pretext： Critical Issues in Discourse Analysis*[M]. Oxford： Blackwell.

[148] Wiele, H. V. 2016. The loss of poetic effects： From indeterminate to conventionalised meaning [J]. *Language & Literature*, 25（1）： 54-71.

[149] Williams, P. D. 2005. *British Foreign Policy under New Labour, 1997-2005* [M].

[150] Houndmills/Basingstoke/Hampshire： Palgrave Macmillan.

[151] Wodak, R. 2001. What CDA is about---a summary of its history, important concepts and its development [A]. In R. Wodak & M. Meyer（eds）.*Methods of Critical Discourse Analysis* [C]. London · Thousand Oaks · New Delhi： Sage Publications. 131-153.

[152] Woodmansee, M. 1978. Speech-act theory and the perpetuation of the dogma of literary autonomy [J]. *Centrum*,（6）： 75-89.

[153] Woofolk, A. E. 1998. *Educational Psychology* [M]. Boston： Allyn & Bacon.

[154] WYE, M. E. 1992. Jane Austen's Emma： Embodied

metaphor as a cognitive construct [D]. [PhD. dissertation]. Los Angeles：University of Southern California.

[155] 毕晓毅、王卓 .2022. 媒体立场建构——基于中非关系新闻标题立场标记语对比分析 [J]. 外语学刊,第 3 期：21-27.

[156] 曹海燕 .2005. 英语报刊文章的象似性研究 [D].[硕士学位论文]. 苏州：苏州大学 .

[157] 曹进、刘贵阳 .2021. 网络体育新闻标题中暴力语言的生态话语分析——以 NBA 战报类新闻为例 [J]. 现代传播（中国传媒大学学报）,第 10 期：146-151.

[158] 曹文慧 .2013. 浅析互文性理论与文学作品的影视改编 [J]. 东岳论丛,第 1 期：172-175.

[159] 陈慧、卢卫中 .2022. 中美媒体对中国形象隐喻建构的对比研究——以中美贸易战报道为例 [J]. 北京第二外国语学院学报,第 6 期：133-147.

[160] 陈琳琳 .2018. 中国形象研究的话语转向 [J]. 外语学刊,第 3 期：33-37.

[161] 陈望道 .1976. 修辞学发凡 [M]. 上海：上海外语教育出版社 .

[162] 陈晓莉、文军 .2011. 英语新闻标题翻译中的模因现象 [J]. 上海翻译,第 2 期：51-55.

[163] 陈新仁、金颖哲 .2022. 形象建构的内涵、类型与话语实践 [J]. 外语教学理论与实践,第 3 期：1-12.

[164] 陈臻渝、毛浩然 .2019. 日本反腐新闻标题跨版块互文分析——基于《朝日新闻》新闻标题语料库 [J]. 福建师范大学学报（哲学社会科学版）,第 3 期：126-133+155+171.

[165] 陈铮、高桂珍 .2005. 试论关联理论对软新闻英译的阐释 [J]. 英语研究,第 4 期：40-44.

[166] 程晓堂 .2005. 论小句复合体中的小句关系 [J]. 外语学刊,第 4 期：60-65.

[167] 戴长征 .2017. 全球治理格局变革视野下的"一带一路"[J]. 人民论坛·学术前沿,第 8 期：17-26.

[168] 邓仁华 .2007. 存在型强势主位结构的句法——语义分析 [J]. 外语学刊,第 5 期：40-44.

[169] 丁建新 .2000. 英语小句复合体投射系统之研究 [J]. 现代外

语,第 1 期:45-57.

[170] 段功伟.2013.执政党公共形象传播研究 [D].[博士学位论文].武汉:武汉大学.

[171] 端木义万.2006.报刊教学与素质教育 [A].载端木义万(主编).高校英语报刊教学论丛(第 2 版)[C].北京:北京大学出版社.1-4.

[172] 端木义万.2006.美英报刊阅读教程(高级本)[M].北京:北京大学出版社.

[173] 樊小玲.2013.机构形象传播中主体意识的缺失与重建——"郭美美"事件引发的"红会"危机案例分析 [J].华东师范大学学报,第 5 期:118-123+155.

[174] 冯德正、苗兴伟.2022.新闻评论中批判性态度的话语建构 [J].现代外语,第 2 期:15-22

[175] 冯恩昊、洪岗.2022.涉华新冠肺炎疫情新闻标题及物性分析 [J].外语电化教学,第 1 期:48-55+108.

[176] 冯玉娟、吴永强.2011.英语经验型强势主位结构功能分析——基于语料库的对比研究 [J].西南民族大学学报(人文社会科学版),第 9 期:124-127.

[177] 付启章、蒯正明.2016.政党形象型塑鉴迪与我党五项要务 [J].新疆社会科学,第 2 期:1-5+161.

[178] 高等学校外语专业教学指导委员会英语组.2000.高等学校英语专业英语教学大纲 [Z].上海:上海外语教育出版社.

[179] 高正礼.2020.中国共产党"于变局中开新局"的百年历程和经验启示 [J].思想理论教育导刊,第 5 期:41-47.

[180] 关海鸥、徐可心.2012.模因论与互文性:文学翻译研究新视野 [J].东北师范大学学报(哲社版),第 1 期:97-100.

[181] 郝兴刚、李怀娟.2014.英语新闻语篇中转述引语与意识形态 [J].复旦外国语言文学论丛,春季号:72-78.

[182] 郝兴刚、李怀娟.2014.英语政治新闻中评价型强势主位结构的功能 [J].江苏外语教学研究,第 1 期:32-39.

[183] 郝兴刚、李怀娟.2015.英语硬新闻中小句复合体投射系统研究 [J].江苏外语教学研究,第 1 期:56-61.

[184] 郝兴刚、李怀娟.2018.批评话语分析的认知视角——以美国巴尔的摩骚乱的两篇同题报道为例 [J].鲁东大学学报(哲学社会科学

版),第 1 期：52-58.

[185] 郝兴刚、李怀娟 .2020. 公共话语功能文体历时研究与中国话语文化性——以《人民日报》元旦社论为例 [J]. 话语研究论丛,第 8 辑：21-38.

[186] 郝兴刚、李怀娟 .2022. 基于概念功能的《卫报》社论文体历时流变(1949—2019)[J]. 话语研究论丛,第 11 辑：100-116.

[187] 何国梅、陶喜红 .2022. 战时中国共产党形象塑造的视觉话语分析——以《晋察冀画报》为中心 [J]. 出版科学,第 6 期：117-125.

[188] 何其莘 .2001. 培养 21 世纪的外语专业人才——新《大纲》的修订过程及主要特点 [J]. 外语界,第 1 期：4-8+27.

[189] 何伟、高生文(主编).2011. 功能句法研究 [C]. 北京：外语教学与研究出版社 .

[190] 胡范铸 .2017. 国家和机构形象修辞学：理论、方法、案例 [M]. 上海：学林出版社 .

[191] 胡壮麟 .2007. 社会符号学研究中的多模态化 [J]. 外语教学与研究,第 1 期：1-10.

[192] 胡壮麟、朱永生、张德禄、李战子 .2009. 系统功能语言学概论 [M]. 北京：高等教育出版社 .

[193] 黄国文 .1998. "wh —继续分句" 的功能分析 [J]. 现代外语,第 1 期：2-9.

[194] 黄能、邵欣欣 .2006. 从教材分析看外刊选读课的重要性 [A]. 载端木义万(主编). 高校英语报刊教学论丛 [C]. 北京：北京大学出版社 .63-70.

[195] 黄莹 .2011. 表征中国社会的话语：基于《人民日报》元旦社论的历时研究 [M]. 上海：上海外语教育出版社 .

[196] 江弱水 .2009. 互文性理论鉴照下的中国诗学用典问题 [J]. 外国文学评论,第 1 期：5-16.

[197] 蒋骁华 .1998. 互文性与文学翻译 [J]. 中国翻译,第 2 期：20-24.

[198] 赖彦、辛斌 .2012. 英语新闻语篇互文修辞功能分析——从评价理论的视角 [J]. 当代修辞学,第 3 期：25-32.

[199] 李福印 .2007. 意象图式理论 [J]. 四川外语学院学报,第 1 期：80-85.

[200] 李松凌 .1995. 论树立中国形象问题 [J]. 中国广播电视学刊，第 12 期：39-42.

[201] 李行健 .2004. 现代汉语规范字典 [Z]. 北京：外语教学与研究出版社 .

[202] 李元授、白丁 .2001. 新闻语言学 [M]. 北京：新华出版社 .

[203] 李战子 .2004. 评价理论：在话语分析中的应用和问题［J］. 外语研究，第 5 期：1-6.

[204] 梁艳君、耿智 .2009. 论推理与句层翻译 [J]. 上海翻译，第 4 期：38-41.

[205] 廖益清 .2006. 英语投射型小句复合体的功能语言学分析 [J]. 外语学刊，第 1 期：59-67.

[206] 林波 .2002. 从关联理论看目的认知域中的意图映射 [J]. 四川外语学院学报，第 6 期：93-96.

[207] 刘国辉、余渭深 .2007. 英语名词化的"功过"论辩及其在语篇运用中的量化考察 [J]. 外语教学，第 1 期：22-26.

[208] 刘绍忠 .1997. 关联理论的交际观 [J]. 现代外语，第 2 期：14-20+73.

[209] 刘绍忠 .1998. 认知环境、相互明白与语际语言交际 [J]. 解放军外国语学院学报，第 1 期：3-9+20.

[210] 刘世生 .1994. 系统功能理论对现代文体学的影响 [J]. 外国语，第 1 期：14-18.

[211] 刘世生、宋成方 .2010. 功能文体学研究 [J]. 外语教学，第 6 期：14-19.

[212] 刘性峰、李淑艳 .2014. 翻译过程的最佳关联模式——以国外商品名称的汉译为例 [J]. 淮北师范大学学报（哲学社会科学版），第 6 期：112-116.

[213] 柳淑芬 .2013. 中美新闻评论语篇中的元话语比较研究 [J]. 当代修辞学，第 2 期：82-86.

[214] 刘小燕、崔远航、赵霣源、李蕙帆 .2022. 中国共产党形象国际传播研究的学术演进与未来向度 [J]. 国际新闻界，第 6 期：6-26.

[215] 刘小燕、李静 .2021. 中国共产党百年对外传播形态创新机制研究 [J]. 新闻大学，第 6 期：71-89+124.

[216] 刘影 .2017. 话语、国家形象与中国崛起：论中国国家形象的

话语塑造 [J]. 理论月刊（03）：161-167.

[217] 刘悦明.《人民日报》元旦社论语篇评价手段历时分析 [J]. 西安外国语大学学报，2012（2）：26-30.

[218] 陆迪民、李成.2021.中国共产党百年政党形象建设的逻辑演绎与认知理路 [J]. 福州大学学报（哲学社会科学版），第 1 期：13-18.

[219] 马丽.2016.关联翻译理论视野下的双关话语建构——以霍译《红楼梦》为例 [J]. 湖南工业大学学报（社会科学版），第 4 期：112-116.

[220] 马伟林、崔彦杰.2020.基于语料库的中国国家形象研究：及物性视角 [J]. 外语电化教学，第 5 期：114-121+17.

[221] 苗兴伟.1997.关联理论与认知语境 [J]. 外语学刊，第 4 期：7-11.

[222] 苗兴伟.2006.语篇分析的进展与前沿 [J]. 外语学刊，第 1 期：44-49.

[223] 苗兴伟.2009.英语的评价型强势主位结构［A］. 载张克定、王振华、杨朝军（主编）. 系统功能评价——第九届全国功能语言学研讨会论文集［C］. 北京：高等教育出版社.163-169.

[224] 牛天.2019.利益相关者视角下国家形象的建构 [J]. 人民论坛，第 6 期：52-53.

[225] 钱瑗.1991.实用文体学（上）[M].北京：北京师范大学出版社.

[226] 秦海鹰.2004.互文性理论的缘起与流变 [J]. 外国文学评论，第 3 期：19-30.

[227] 秦秀白.1986.英语文体学入门 [M]. 长沙：湖南教育出版社.

[228] 邵春.2016.英语评价型强势主位结构的双层评价功能 [J]. 英语研究，第 1 期：67-75.

[229] 申丹.1997.有关功能文体学的几点思考 [J]. 外国语，第 5 期：1-7.

[230] 申丹.2000.西方现代文体学百年发展历程 [J]. 外语教学与研究，第 1 期：22-28+78.

[231] 沈继荣.2010.新闻语篇中语法隐喻的工作机制及功能 [J]. 当代修辞学，第 2 期：85-91.

[232] 沈家煊.1993.句法的象似性问题 [J]. 外语教学与研究，第 2 期：2-8.

[233] 史安斌、王沛楠.2019.建设性新闻：历史溯源、理念演进与全

球实践 [J]. 新闻记者, 第 9 期: 32-39+82.

[234] 施旭 .2008. 话语分析的文化转向: 试论建立当代中国话语研究范式的动因、目标和策略 [J]. 浙江大学学报(人文社会科学版), 第 1 期: 131-140.

[235] 施旭 .2010. 文化话语研究: 探索中国的理论、方法与问题 [M]. 北京: 北京大学出版社 .

[236] 施旭 .2013. 当代中国话语的中国理论 [J]. 福建师范大学学报(哲学社会科学版), 第 5 期: 51-58.

[237] 舒奇志、杨华 .1999. 互文性理论与文学翻译中译者的主体性 [J]. 湘潭大学社会科学学报, 第 6 期: 115-118.

[238] 宋长来 .2006. 论夸张的关联性 [J]. 外语与外语教学, 2006, 第 4 期: 55-58.

[239] 宋成方、刘世生 .2015. 功能文体学研究的新进展 [J]. 现代外语, 第 2 期: 278-286.

[240] 宋德生 .2000. 老调新弹——"望子成龙"英译的新思考 [J]. 中国翻译, 第 4 期: 29-31.

[241] 宋小卫 .2000. 西方学者论媒介素养教育 [J]. 国际新闻界, 第 4 期: 55-58.

[242] 孙景峰、陈倩琳 .2013. 政党形象: 概念、意义与建设路径 [J]. 探索, 第 3 期: 23-27.

[243] 孙有中 .2002. 国家形象的内涵及其功能 [J]. 国际论坛, 第 3 期: 14-21.

[244] 孙志祥 .2009. 名物化意识形态的批评分析及其翻译 [J]. 外语与外语教学, 第 8 期: 58-61.

[245] 唐丽萍 .2011. 语料库语言学在批评话语分析中的作为空间 [J]. 外国语, 第 4 期: 43-49.

[246] 唐韧 .2008. 语用和语篇: 探索衔接的关联理论方法 [J]. 中国外语, 第 2 期: 10-14.

[247] 田海龙 .2009. 语篇研究: 范畴、视角、方法 [M]. 上海: 上海外语教育出版社 .

[248] 田海龙、张向静 .2013. 图像中的意义与媒体的意识形态: 多模态语篇分析视角 [J]. 外语学刊, 第 2 期: 1-6.

[249] 田笋、苗兴伟 .2011. 媒体语篇中评价型强势主位结构的组篇

功能 [J]. 外语电化教学, 第 3 期: 28-32.

[250] 汪徽、张辉 .2014. 批评认知语言学的研究路径——兼评 vanDijk 的《话语与语境》和《社会与话语》[J]. 外语研究, 第 3 期: 13-19.

[251] 王铭玉 .2005. 语言符号学 [M]. 北京: 高等教育出版社 .

[252] 王榕培 .2003. 英语词汇学教程 [M]. 上海: 上海外语教育出版社 .

[253] 王瑞玲 .2007. 新闻标题翻译的 "信达雅" 原则 [J]. 中国科技翻译, 第 2 期: 49-51.

[254] 王亚民 .2006. 英语报刊教学目的偏重转移和素养教育 [A]. 载端木义万 (主编). 高校英语报刊教学论丛 (第 2 版)[C]. 北京: 北京大学出版社 .81-88.

[255] 王寅 .2012. 后现代哲学视野下的语言学前沿——体验人本观与认知语言学 [J]. 外国语, 第 6 期: 17-26.

[256] 王寅 .2012. 什么是认知语言学 [M]. 上海: 上海外语教育出版社 .

[257] 王勇 .2006. 评价型强势主位结构的语篇功能 [J]. 英语研究, 第 4 期: 58-65.

[258] 王勇 .2011. 评价型强势主位结构的功能理据分析 [J]. 外语学刊, 第 2 期: 56-61.

[259] 王振华 .2016. 名物化语言现象在语篇中的作用 [J]. 现代外语, 第 6 期: 751-762.

[260] 王振华、方硕瑜 .2020. 刑法罪名中的名物化现象——基于英美法律体系与中国法律体系的比较 [J]. 语言与法律研究, 第 1 期: 71-85.

[261] 王佐良, 丁往道 .1987. 英语文体学引论 [M] 北京: 外语教学与研究出版社 .

[262] 魏本力 .2005. 情态动词的量值取向 [J]. 外语学刊, 第 4 期: 55-59.

[263] 魏榕 .2022. 中外媒体中国形象的生态话语对比研究 [J]. 现代外语, 第 3 期: 318-330.

[264] 文红玉、顾巧 .2021. 中国共产党形象构建的百年历程与基本经验 [J]. 学校党建与思想教育, 第 11 期: 8-12.

[265] 武建国 .2010. 当代汉语公共话语中的篇际互文性研究 [M].

上海：上海外语教育出版社.

[266] 武建国 .2012. 篇际互文性在当代公共话语中的语用功能 [J]. 外语教学, 第 2 期：18-21+26.

[267] 武建国、林金容 .2016. 篇际互文性与中国梦传播的话语策略 . 中国外语, 第 5 期：43-50.

[268] 武建国、肖晓、胡满 .2017.《人民日报》元旦社论的多视角历时分析——透视中国社会关系的变迁 [J]. 外语教学, 第 3 期：17-22.

[269] 武建国、徐嘉 .2021. 互文性策略与中国国家形象建构研究——以港珠澳大桥新闻报道为例 [J]. 中国外语, 第 6 期：45-50.

[270] 吴珏、陈新仁 .2008. 英汉新闻标题中的预设机制：调查与分析 [J]. 外语教学, 第 4 期：30-34.

[271] 吴阳松 .2017. 新媒体时代政党形象建构的内涵、目标与路径论析 [J]. 理论探讨, 第 2 期：119-123.

[272] 肖建安、王志军 .2001. 名物化结构的功能及变体特征 [J]. 外语与外语教学, 第 6 期：58-61.

[273] 辛斌 .2000. 语篇互文性的语用分析 [J]. 外语研究, 第 3 期：14-16.

[274] 辛斌 .2005. 批评语言学：理论与应用 [M]. 上海：上海外语教育出版社 .

[275] 辛斌 .2006. 报纸新闻中直接引语的形式和功能 [J]. 英语研究, 第 4 期：66-72.

[276] 辛斌 .2006.《中国日报》和《纽约时报》中转述方式和消息来源的比较分析 [J]. 外语与外语教学, 第 3 期：1-4.

[277] 辛斌 .2008. 语篇研究中的互文性分析 [J]. 外语与外语教学, 第 1 期：6-10.

[278] 辛斌 .2012. 批评话语分析中的认知话语分析 [J]. 外语与外语教学, 第 4 期：1-5.

[279] 辛斌、李文艳 .2019. 社交平台新闻话语的互文性分析——以 Facebook 上有关南海问题的新闻为例 [J]. 当代修辞学, 第 5 期：26-34.

[280] 徐文培、李增 .2011. 互文性理论与文学批评解析 [J]. 外语学刊, 第 6 期：128-131.

[281] 徐小鸽 .1996. 国际新闻传播中的国家形象问题 [J]. 新闻与传播研究, 第 2 期：35-45.

[282] 徐新宇 .2011. 英语名物化结构的语篇功能分析——以国际贸易销售合同为例 [J]. 现代外语, 第 2 期: 143-149.

[283] 徐秀梅、宫钦言 .2016. 关联理论的译者风格观 [J]. 山东理工大学学报 (社会科学版), 第 4 期: 67-72.

[284] 徐学平 .2003. 语境研究的认知观 [J]. 山东外语教学, 第 5 期: 49-52.

[285] 徐有志 .1992. 现代英语文体学 [M]. 开封: 河南大学出版社 .

[286] 杨信彰 .2006. 名词化在语体中的作用——基于小型语料库的一项分析 [J]. 外语电化教学, 第 2 期: 3-7.

[287] 姚亚平 .1996. 当代中国修辞学 [M]. 广州: 广东教育出版社 .

[288] 游豪、卢达威 .2023. 留学生书面语小句复合体话头话身结构偏误研究 [J]. 语言教学与研究, 第 1 期: 12-23.

[289] 于涛 .2009. 关联理论关照下文学作品的重译——以 DavidCopperfield 的翻译为例 [J]. 外国语言文学, 第 1 期: 35-41.

[290] 袁明 .1996. 谈中国形象的塑造 [J]. 战略与管理, 第 1 期: 98-99.

[291] 曾国平 .2009. 让思维再创新 [M]. 重庆: 重庆大学出版社 .

[292] 张德禄 .1998. 功能文体学 [M]. 济南: 山东教育出版社 .

[293] 张德禄 .1999. 韩礼德功能文体学理论述评 [J]. 外语教学与研究, 第 1 期: 45-50.

[294] 张德禄 .2015. 多模态话语分析理论与外语教学 [M]. 北京: 高等教育出版社 .

[295] 张德禄、郝兴刚 .2020. 同题新闻评论文体对比研究 [J]. 外语教学, 第 2 期: 1-7.

[296] 张德禄、贾晓庆、雷茜 .2015. 英语文体学重点问题研究 [M]. 北京: 外语教学与研究出版社 .

[297] 张德禄、张国、张淑杰、胡永近 .2016. 英语文体学教程 (第 2 版) [M]. 北京: 高等教育出版社 .

[298] 张辉、江龙 .2008. 试论认知语言学与批评话语分析的融合 [J]. 外语学刊, 第 5 期: 12-19.

[299] 张辉、张艳敏 .2020. 批评认知语言学: 理论源流、认知基础与研究方法 [J]. 现代外语, 第 5 期: 628-640.

[300] 张健 .2007. 报刊英语研究 [M]. 上海: 上海外语教育出版社 .

[301] 张健 .2004. 新闻英语文体与范文评析 [M]. 上海：上海外语教育出版社 .

[302] 张杰 .2006. 开启创造性思维人才培养的工程——我国高校英语专业人才培养目标的新转换 [J]. 外语与外语教学，第 11 期：20-22+35.

[303] 张静 .2019. 新时代中国共产党形象构建的逻辑理路 [J]. 思想教育研究，第 5 期：15-20.

[304] 张克定 .2009. 主位化评述结构及其评价功能 [A]. 载张克定、王振华、杨朝军（主编）. 系统功能评价——第九届全国功能语言学研讨会论文集 [C]. 北京：高等教育出版社 .154-162.

[305] 张明、刘坤婷 .2022. 反思与消解：新闻标题的"去性别化"研究 [J]. 新闻爱好者，第 5 期：70-73.

[306] 张宁 .2018. 作为精神品牌的政党形象塑造与传播 [J]. 人民论坛，第 15 期：92-95.

[307] 张蕊 .2015. 再论认知语言学与批评话语分析的融合——以"侧重"识解操作为例 [J]. 外语研究，第 6 期：34-41.

[308] 张书林 .2020. 中国共产党形象建设国际化的路向选择 [J]. 理论学刊，第 4 期：41-48.

[309] 张向静，2011. 图像中的意义与媒体的意识形态：多模态语篇分析视角 [J]. 语文学刊，第 5 期：39-40.

[310] 张晓欣、张树彬、李熙 .2011. 美国媒体涉华报道的批评语言学分析 [J]. 新闻爱好者，第 9 期：50-51.

[311] 张意轩 .2015. 人民日报 67 年元旦社论的话语变迁 [J]. 新闻战线，第 5 期：79-81.

[312] 赵鼎生 .2002. 西方报纸编辑学 [M]. 北京：中国人民大学出版社 .

[313] 赵虹 .2006. 大学英语报刊教学中的媒介素养教育 [A]. 载端木义万（主编）. 高校英语报刊教学论丛（第 2 版）[C]. 北京：北京大学出版社 .111-117.

[314] 赵秀凤、田海龙 .2023. 政治实践中新话语的生成机制研究 [J]. 现代外语，第 2 期：162-173.

[315] 赵真华、马丽雅 .2006. 双关的英汉对比及其理据 [J] 外语与外语教学，第 8 期：49-52.

[316] 郑元会 .2008. 语气系统和人际意义的跨文化建构 [J]. 外语学刊, 第 4 期 : 80-84.

[317] 郑志恒 .2006. 外刊课堂中如何科学利用多媒体教学 [A]. 载端木义万(主编). 高校英语报刊教学论丛(第 2 版)[C]. 北京 : 北京大学出版社 .16-21.

[318] 朱永生 .2006. 名词化、动词化与语法隐喻 [J]. 外语教学与研究, 第 2 期 : 83-90.

[319] 朱永生、严世清 .2000. 语法隐喻理论的理据和贡献 [J]. 外语教学与研究, 第 2 期 : 30-34.